아인슈타인이 들려주는
차원 이야기

오혜정 지음

NEW
수학자가 들려주는
수학 이야기
65

아인슈타인이 들려주는 차원 이야기

㈜자음과모음

추천사

수학자라는 거인의 어깨 위에서
보다 멀리, 보다 넓게 바라보는
수학의 세계!

   수학 교과서는 대개 '결과'로서의 수학을 연역적으로 제시하는 경향이 강하기 때문에 학생들은 수학이 끊임없이 진화해 왔다고 생각하기 어렵습니다. 그렇지만 수학의 역사는 하나의 문제가 등장하고 그에 대해 많은 수학자가 고심하고 이를 해결하는 가운데 새로운 아이디어가 출현해 온 역동적인 과정입니다.

   〈NEW 수학자가 들려주는 수학 이야기〉는 수학 주제들의 발생 과정을 수학자들의 목소리를 통해 친근하게 이야기 형식으로 들려주기 때문에 학생들이 수학을 '과거 완료형'이 아닌 '현재 진행형'으로 인식하는 데 도움이 될 것입니다.

   학생들이 수학을 어려워하는 요인 중의 하나는 '추상성'이 강한 수학적 사고의 특성과 '구체성'을 선호하는 학생의 사고 사이에 존재하는 간극이며, 이런 간극을 줄이기 위해서 수학의 추상성을 희석시키고 수학 개념과 원리의 설명에 구체성을 부여하는 것이 필요합니다.

   〈NEW 수학자가 들려주는 수학 이야기〉는 수학 교과서의 내용을 생동감 있게 재구성함으로써 추상적인 수학을 구체성을 갖는 수학으로 변모시키고 있습니다. 또한 중간중간에 곁들여진 수학자들의 에피소드는 자칫 무료해지기 쉬운 수학 공부에 윤활유 역할을 해 줄 것입니다.

〈NEW 수학자가 들려주는 수학 이야기〉의 구성을 보면 우선 수학자의 업적을 개략적으로 소개하고, 6~9개의 강의를 통해 수학 내적 세계와 외적 세계, 교실 안과 밖을 넘나들며 수학 개념과 원리를 소개한 후 마지막으로 강의에서 다룬 내용을 정리합니다.

이런 책의 흐름을 따라 읽다 보면 각각의 도서가 다루고 있는 주제에 대한 전체적이고 통합적인 이해가 가능하도록 구성되어 있습니다. 〈NEW 수학자가 들려주는 수학 이야기〉는 학교 수학 교과 과정과 긴밀하게 맞물려 있으며, 전체 시리즈를 통해 학교 수학의 많은 내용들을 다룹니다. 따라서 〈NEW 수학자가 들려주는 수학 이야기〉를 학교 수학 공부와 병행하면서 읽는다면 교과서 내용의 소화 흡수를 도울 수 있는 효소 역할을 할 것입니다.

뉴턴이 'On the shoulders of giants'라는 표현을 썼던 것처럼, 수학자라는 거인의 어깨 위에서는 보다 멀리, 넓게 바라볼 수 있습니다. 학생들이 〈NEW 수학자가 들려주는 수학 이야기〉를 읽으면서 각 수학자의 어깨 위에서 보다 수월하게 수학의 세계를 내다보는 기회를 갖기를 바랍니다.

홍익대학교 수학교육과 교수 | 《수학 콘서트》 저자 박경미

> 책머리에

세상의 진리를 수학으로 꿰뚫어 보는 맛
그 맛을 경험시켜 주는 '차원' 이야기

수학에서의 '차원'은 상상력 제조기이다!

　소녀시대의 〈소원을 말해 봐〉처럼 무엇이든 원하는 것을 꺼내 주는 도라에몽의 4차원 주머니, 한 번의 작동으로 과거와 미래 원하는 시대로 여행할 수 있는 타임머신, 마법을 할 수 없는 머글은 통과 못 하는 킹스크로스역의 9와 $\frac{3}{4}$ 승강장을 스며들 듯이 통과하는 해리포터, 인간과 기계의 전쟁으로 폐허가 된 지구의 최고 사령관을 없애기 위해 미래로부터 과거로 타임머신을 타고 온 로봇 터미네이터…….

　이와 같은 이야기는 생각만 해도 가슴 벅찹니다. 물론 이것들은 현대 과학기술로는 구현하기 힘든 일이며, 작가의 무한한 상상력을 통해 태어난 산물이지만 그들이 펼치는 상상의 세상을 엿보며 우리도 덩달아 또 다른 세상을 향한 상상의 나래를 펼칠 수 있습니다. 현실에서 이룰 수 없다 하더라도 상상 속 세상을 꿈꾸고 그 세계를 유영하는 것은 무척이나 자유스럽고 경이롭기까지 합니다.

　그런데 여러분, 이런 가슴 벅차오르는 상상을 수학책을 통해서는 할 수 없는 것일까요? 그렇지 않습니다. 이 책에서 다루고 있는 '차원'이라는 것은 우리가 지금까지 접해 보지 못한 상상 속 또 하나의 새로운 세상으로 들어가는 해리포터의 9와 $\frac{3}{4}$ 승강장 같은 역할을 하는 주제 중 하나입니다. 수학에서 말하는 차원은 그 풀이 방법이 정해져 있지 않으며, 무한한 상상의 나래를 펼칠 수 있는 주제입니다.

우리가 살고 있는 세상은 가로세로, 높이를 인식할 수 있는 3차원입니다. 그런데 만약 이 세상이 가로세로만 인식할 수 있는 2차원 공간이라면 우리는 어떻게 세상을 보고, 숨을 쉬며, 무엇을 할 수 있을까요? 그리고 할 수 없는 것에는 어떤 것이 있을까요? 또 우리가 4차원 공간에서 살고 있다면 무엇을 할 수 있고, 그 세상은 어떤 모양을 하고 있을까요?

이런 질문들은 풀이가 정해진 문제에 답하듯이 답변할 수는 없을 거예요. 대신 이 문제들은 우리의 상상력을 바탕으로 풀이할 수 있답니다. 차원은 수식만이 수학이라는 생각을 가지고 있는 학생들의 부정적인 생각을 조금이나마 없애 주는 상상력 제조기라 할 만합니다.

이 책은 수학에서의 차원에 대한 다양한 개념 및 각 차원의 특성에 관하여 여러분이 이해하기 쉽게 설명해 놓은 것입니다. 부디 책을 읽고 수학을 통해 즐거운 상상을 할 수 있는 새로운 세상으로 조금이나마 다가설 수 있기를 기대해 봅니다.

오혜정

차례

추천사 4
책머리에 6
100% 활용하기 10
아인슈타인의 개념 체크 16

1교시
차원이란 무엇인가? 27

2교시
상상 플러스 차원의 세계 53

3교시
무한 도전! 4차원 도형 79

4교시
1.58차원? 소수차원이라니 115

5교시
우리 우주가 11차원이래! 정말? 137

1 이 책은 달라요

《아인슈타인이 들려주는 차원 이야기》는 차원에 대한 여러 가지 정의와 수학적 차원의 성질, 4차원 공간의 특성, 우주차원에 대하여 아인슈타인 선생님의 명쾌하고 풍부한 상상력에서 나온 재미있는 이야기, 잘 안내된 체험 활동을 통해 재미있게 알려 줍니다. 아이들은 아인슈타인 선생님의 친절한 안내 아래 낮은 차원에서 바로 한 단계 높은 차원을 관찰하는 방법으로, 우리가 사는 3차원 공간에서 전혀 경험해 보지 못한 4차원 공간의 특성 및 도형을 보다 쉽게 이해하도록 합니다. 또 영화 속 차원 이야기를 곁들임으로써 차원이 매우 친숙한 개념이며 아이들의 상상력을 풍부하게 해 줄 수 있는 개념임을 알게 합니다.

2 이런 점이 좋아요

❶ 초중고 교과서를 통해 접하기 어려운 내용인 차원을, 실제로 적용해 볼 수 있는 다양한 체험 활동과 상상 가능한 재미있는 이야기로 학생들이 쉽게 차원 개념을 이해할 수 있도록 하였습니다.

❷ 우리가 살아가는 세계는 가로, 세로, 높이의 세 방향을 가진 3차원 공간입니다. 때문에 1차원, 2차원, 3차원 공간의 개념 및 특성은 쉽게 이해할 수 있지만 4차원 공간은 아무도 가지도, 보지도 못했기 때문에 그 개념 및 특성을 이해하기가 매우 어렵습니다. 이 4차원 공간의 개념을 이해하기 위해 1차원 공간에서 2차원 공간을, 2차원 공간에서 3차원 공간을 면밀히 관찰하여 차원이 올라갈수록 어떤 특성이 있는지를 알아봄으로써 3차원 공간에서 4차원 공간을 이해하는 방법을 모색해 갑니다.

❸ 수학적 차원과 우주적 차원을 함께 설명함으로써 차원이 수학이라는 학문에 갇힌 개념이 아님을 이해하게 합니다.

3 교과 연계표

학년	단원(영역)	관련된 수업 주제 (관련된 교과 내용 또는 소단원명)
초 6	도형과 측정	각기둥과 각뿔
중 1	수와 연산	정수와 유리수
	변화와 관계	좌표평면과 그래프
	도형과 측정	입체도형의 성질

4 수업 소개

1교시 차원이란 무엇인가?

일상생활에서 차원은 여러 가지 의미로 사용되고 있습니다. 수학적 차원 역시 그중 한 가지입니다. 체험 활동을 통해 수학적 차원에 대한 개념을 자세히 알아봅니다.

- 선행 학습 : 점, 선, 면, 입체
- 학습 방법 : 종종 엉뚱하면서도 개성이 강한 사람을 표현할 때 4차원이라는 단어를 사용합니다. 또 SF영화나 공상 과학 만화, 애니메이션에서도 차원은 단골 메뉴로 사용되고 있습니다. 여기에서 차원은 단순히 우리가 사는 세상과 다른 세상을 표현하기 위한 하나의 도구 역할을 하고 있습니다. 수학적 차원은 공간에 있는 한 점의 위치를 나타내기 위해 필요한 양의 개수로 정의합니다. 이 수업에서는 이와

같이 각각 다른 의미를 나타내는 차원에 대하여 적절한 상황을 제시하고 그 상황을 이해하는 과정에서 자연스럽게 서로 다른 의미의 차원을 비교함으로써 차원에 대해 보다 깊이 이해할 수 있습니다.

2교시 상상 플러스 차원의 세계

수학적 차원을 보다 잘 이해하기 위해 각 차원을 생명체가 사는 세상으로 간주하고, 생명체가 그 속에서 어떻게 살아가는지 상상해 봅니다.

- 선행 학습 : 수학적 차원
- 학습 방법 : 선으로 이루어진 수학적 1차원 공간을 라인랜드Lineland, 면으로 이루어진 2차원 공간을 플랫랜드Platland, 3차원 공간을 스페이스랜드Spaceland라 이름 붙이고, 각 공간에 수많은 주민이 살고 있다고 상상합니다. 이들이 자신들만의 세계에서 어떻게 살아가는지를 추측해 봄으로써, 각 차원에 대하여 보다 깊이 있게 이해하도록 합니다.

3교시 무한 도전! 4차원 도형

수학적 4차원 세계는 아직까지 상상 속에 존재합니다. 이 상상 속 세상을 1차원에서 2차원으로, 2차원에서 3차원으로 차원을 올려 가면서 그 과정 중에 어떤 일이 일어나는지 알아보는 방법을 통해 4차원 세계를 3차원 세계에서 표현해 봅니다.

- 선행 학습 : 점, 선, 면, 정육면체의 전개도
- 학습 방법 : 어렵고 복잡한 것을 이해하기 위한 효과적인 방법은 간단하고 쉬운 예를 생각해 본 다음 복잡하고 어려운 것을 생각하는 것입니다. 이 수업에서는 이와 같은 방법을 이용하여 아직까지는 우리 중 어느 누구도 실제로 가 보지 않았기 때문에 어떤 모습을 하고 있는지 알 수 없는 미지의 4차원 세계를 이해해 보며, 4차원 세계에 존재할 것 같은 도형에 대해서도 알아봅니다.

4교시 1.58차원? 소수차원이라니!

수학에서도 차원을 정의하는 방법에 따라 차원이 0 이상의 정수만이 아닌 1.58과 같은 소수로도 표현할 수 있음을 구체적인 예를 통해 알아봅니다.

- 선행 학습 : 유클리드 기하학
- 학습 방법 : 어떤 공간에 있는 점의 위치를 몇 개의 수로 나타낼 수 있느냐에 따라 그 공간의 차원을 정의하면 차원은 0 이상의 정수로 나타냅니다. 하지만 1보다 크고 2보다 작은 소수를 차원으로 하는 공간은 없을까요? 프랙털 도형인 코크 곡선을 자세히 살펴보면 아무리 확대해도 구불구불하여 길이를 잴 수 없어 1차원 곡선이라고 말할 수 없습니다. 그렇다고 2차원이라고도 할 수 없습니다. 이 수업에서는 첫 번째 수업에서 다룬 차원의 정의가 아닌 다른 방법, 즉 도형

을 x배로 확대하여 나타난 양이 x^n배가 될 때 그 도형을 n차원이라고 정의함으로써 이 코크 곡선이 1.26차원임을 밝히고, 또 다른 프랙털 도형의 예를 통해 차원을 소수로 표현할 수 있음을 충분히 이해하도록 합니다.

5교시 우리 우주가 11차원이래! 정말?

아인슈타인은 우리가 사는 세계를 3차원의 공간과 1차원의 시간 차원을 합친 4차원 시공간이라고 표현했습니다. 반면 우리 우주가 5차원, 11차원이라고 주장하는 과학자도 있습니다. 이 수업에서는 우주의 차원에 대한 몇 가지 이론을 소개하고 시공, 브레인 등 차원에 관한 다양한 개념을 공부합니다.

- 선행 학습 : 뉴턴 역학, 상대성 이론, 양자 역학
- 학습 방법 : 인간에게는 3차원으로 보이는 가느다란 나뭇가지 위에서 사는 개미는 전후좌우로만 움직일 수 있으므로 자신의 세계가 2차원으로 보일 뿐 3차원의 세계를 인식하지 못합니다. 개미 입장에서 보면 하나의 차원이 숨어 있다고 생각할 수도 있습니다. 같은 원리로 우리 우주에도 또 다른 차원이 숨어 있는 것은 아닐까 하는 의문을 가지고, 우리 우주는 과연 몇 차원일지에 대해 많은 과학자들이 주장한 여러 가지 이론을 살펴봅니다. 이 과정에서 시공, 4차원, 브레인 등 차원에 관한 다양한 개념을 차근차근 알아 갑니다.

아인슈타인을 소개합니다
Albert Einstein(1879~1955)

 교육의 목적은 기계적인 사람을 만드는 데 있지 않고, 인간적인 사람을 만드는 데 있다. 또한 교육의 비결은 상호 존중의 묘미를 알게 하는 데 있다. 일정한 틀에 짜인 교육은 유익하지 못하다. 창조적인 표현과 지식에 대한 기쁨을 깨우쳐 주는 것이 교육자 최고의 기술이다.

— 아인슈타인

여러분, 나는 아인슈타인입니다

안녕하세요? 나는 아인슈타인이에요.

나는 1879년 독일 울름의 한 유태인 가정에서 태어났어요. 1885년 여섯 살 때 초등학교에 입학했는데 유태인이라는 이유로 따돌림을 당하는 등 학교 생활이 순탄치 않았어요. 어린 시절 나는 단순 암기 과목을 매우 싫어했습니다. 그러다 보니 성적은 그다지 좋지 않았습니다. 우등생은 생각지도 못했지요. 나는 상상하는 것을 무척 좋아했지만 내가 배웠던 독일식 교육은 숨이 막힐 정도로 엄격했답니다.

초등학교를 졸업하고 1888년 뮌헨에 있는 루이트폴트 김나지움에 입학했는데, 이 학교 역시 엄격한 군대식 교육을 하고 있어 얼마나 힘들었는지 몰라요. 여전히 암기 과목은 싫었어요. 대신 고학년 수학책을 구해서 혼자 공부하는 것을 즐겼어요.

1889년 아버지가 사업에 실패하여 가족이 이탈리아로 이주하게 되었답니다. 당시 나는 김나지움에 남아 있었는데, 결국 자퇴하고 가족에게 갔어요. 그 후 나는 무엇을 할까 고민하다가 취리히 연방 공과 대학에 입학하기로 결심했어요. 하지만 그냥 입학할 수는 없겠죠? 다른 학생에 비해 나이도 어리고 고등학교 졸업장도 없었기 때문에 입학시험을 치르기로 했어요. 그 결과 수학과 물리학에서는 뛰어난 성적을 얻었지만 일반 지식에서 낙제를 하는 바람에 나는 입학에 실패하고 말았답니다. 그러나 물리학 교수였던 베버 교수님께서 내 재능을 알아보고 자신의 강의를 청강해도 좋다고 허락해 주었는가 하면, 당시 학장이던 헤르초크 교수님도 스위스 아라우의 주립 고등학교에 입학하여 1년만 더 공부하면 무조건 이 공과 대학에 입학시켜 주겠다는 약속을 해 주었어요.

다행히 주립 학교는 매우 자유스러운 분위기였고 학생들의 자유로운 상상력을 중요하게 여기는 학교였어요. 나는 물 만난 고기처럼 열심히 공부하여 우수한 성적으로 학교를 졸업하고 결국 연방 공과 대학에 입학할 수 있었어요. 그곳에서 나는 수업보다는 실험실에서 살다시피 하며 최신 이론을 스스로 공부했고 특수 상대성 이론에 관한 내용을 계속 연구했어요.

내가 연구한 결과를 논문으로 작성하여 발표하기 시작한 것은 1905년이었어요. 세 편의 논문을 발표하였는데, 이 공로로 1909년 취리히 대학의 이론 물리학 교수로 임명되기도 했어요. 1912년에는 연방 공과 대학의 정교수가 되었는데, 일반 상대성 이론과 중력론 연구를 계속 진행하고 있었지요.

그러던 어느 날 자고 일어났더니 나는 세계적인 스타가 되어 있었어요. 1919년 11월 영국 왕립 학회와 왕립 천문학회 합동 회의는 나의 예언이 맞았다고 발표했고, 《런던 타임스》는 '뉴턴주의가 무너졌다.'는 제목으로 나를 대서특필하기 시작했어요. 내가 최고 과학자의 위치에 서는 순간이었지요. 이것은 다 영국의 천문학자 에딩턴 덕택이에요. 나는 일반 상대성 이론을 발표하면서 이 이론의 세 가지 증거 중 하나로 빛이 중력장에서 휜다고 주장했답니다. 하지만 당시 나의 주장을 이해한 과학자가 없어 그저 한낱 이론일 뿐이라고 생각하는 사람이 대다수였어요. 그런데 천체를 관측하던 에딩턴이 개기 일식이 진행

되는 동안 별빛이 휘어지는 것을 관측함으로써 나의 일반 상대성 이론을 검증해 내었어요. 과학자들 사이에서는 나의 상대성 이론이 어려워 제대로 이해하는 사람이 지구상에 단 세 명뿐이라는 말이 유행처럼 번지기도 했답니다. 어쨌든 에딩턴 덕분에 나는 1921년에 영국 왕립 학회 회원이 되었으며 노벨 물리학상까지 받게 되었답니다.

그런데 내가 왜 '차원'을 주제로 여러분과 수업하게 되었는지 궁금하지 않나요? 그것은 바로 나의 상대성 이론 때문이에요. 상대성 이론은 시간과 공간에 관한 관점을 혁명적으로 바꾼 생각이라 할 수 있어요. 물론 '혁명적'이라는 표현은 여러 과학자들이 한 이야기지만요. 여러분이 앞으로 몇 시간에 걸쳐 공부하게 될 차원은 시간과 공간에 관련된 내용이랍니다.

나는 1905년 텅 빈 허공진공에서의 물체 운동에 관한 규칙인 특수 상대성 이론을 발표했어요. 이 특수 상대성 이론은 일상생활에서는 경험할 수 없기 때문에 매우 이해하기가 힘듭니다. 또한 그동안 우리 생각을 지배한 뉴턴 역학에 익숙했기 때문에 더 이해하기 힘들었을 수도 있습니다. 뉴턴 역학에서 공간은 상대적이지만 시간은 어떤 경우라도 변함없이 흘러가는, 즉 절대적이라고 여겼어요. 하지만 내 생각은 그렇지 않았습니다. 내가 주장한 것은 공간과 시간이 모두 관측자에 따라 달라질 수 있다는 것이었어요.

특수 상대성 이론에서는 운동하는 물체의 속도나 관측자의 속도가 빨라질수록 길이는 점점 더 줄어들어 보이고 시간은 더욱 늘어난다고 봅니다. 만약 속도가 빛의 속도가 되면 길이는 없어지고 시간은 무한정 늘어나게 되는 것이지요. 그런데 실제로 특수 상대성 이론이 유명해진 것은 $E=mc^2$이라는 질량과 에너지의 관계 때문이에요. 질량m은 언제든지 에너지E로 바뀔 수 있다는 것인데요. 이를테면 원자력 발전소나 핵폭탄에서 핵분열을 하거나 핵융합을 할 때 핵 물질의 질량은 반응 전의 질량에 비해 작아지는데, 그것은 줄어든 질량이 에너지로 바뀌었기 때문이에요. 지금 보기에 이 식은 매우 간단해 보이지만 내가 발표할 때만 하더라도 세상을 뒤흔들 만큼 위대한 발견이라고 다들 놀라워했답니다. 그 후로 10년을 더 연구하여 1915년 나는 실제 세계에서의 상대성 이론인 일반 상대성 이론을 완성했습니다.

어때요? 여러분, 상대성 이론이라는 것이 무척 어려워 보이죠? 내가 무척 간략하게 설명하기는 했지만 원래 쉽지 않은 내용이랍니다. 하지만 걱정 마세요. 우리는 이 책에서 상대성 이론을 공부하는 것이 아니라 상대성 이론에서 다루었던 '차원'에 대해 공부하기 때문입니다. 지금 이렇게 어려워 보이는 상대성 이론도 '차원' 공부를 할 때는 하나의 재미있는 예시가 될 수 있답니다. 그럼 이제부터 본격적인 차원 공부를 시작해 볼까요?

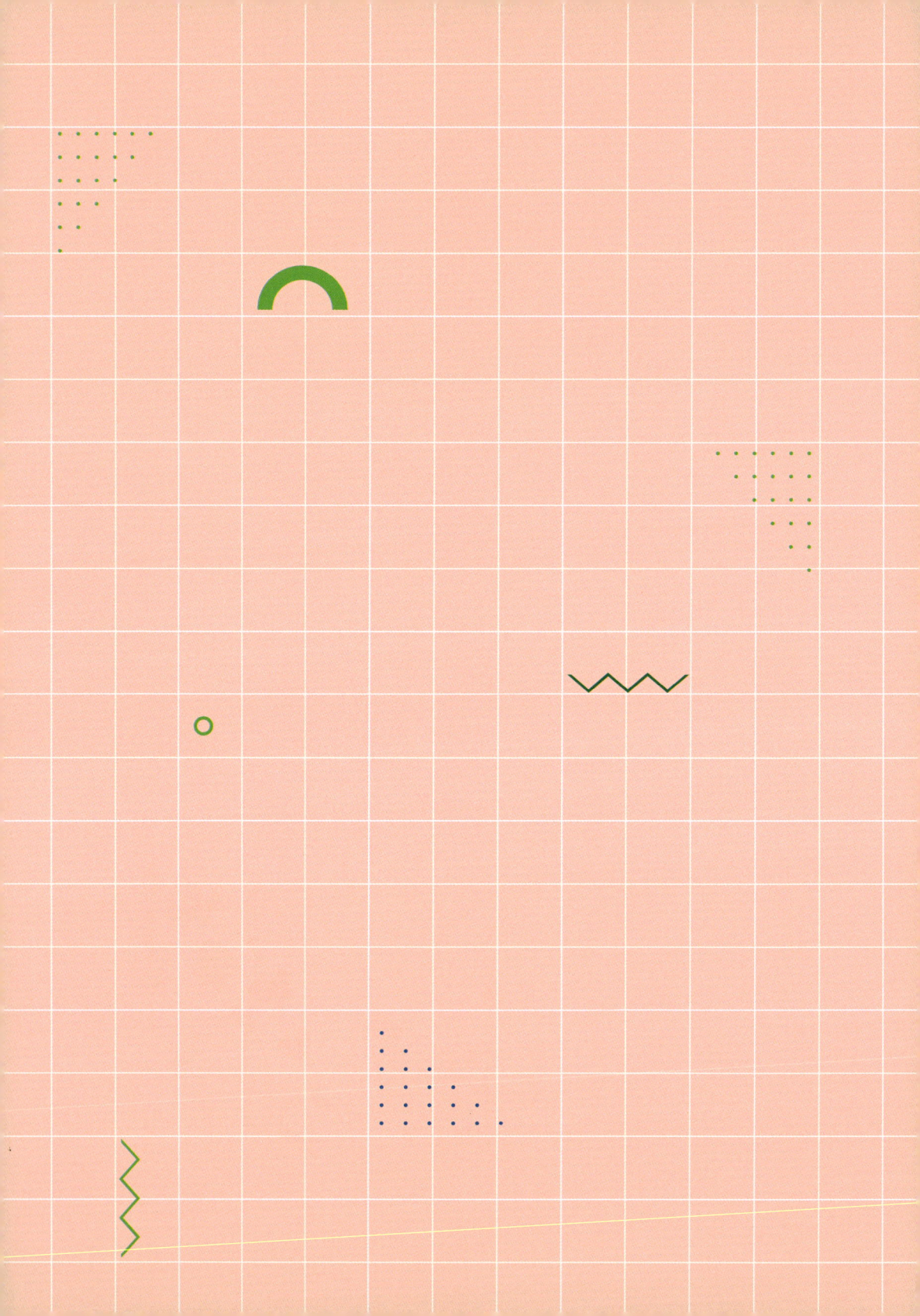

차원이란 무엇인가?

1교시

일상생활의 예를 통해
차원에 대해 알아봅시다.

수업 목표

1. 일상생활에서 사용되는 차원의 의미와 판타지 영화에서의 차원의 의미에 대해 알아봅니다.
2. 수학에서의 차원의 의미에 대해 알아봅니다.

 미리 알면 좋아요

1. **점, 선, 면**
(1) 점 : 크기도 없고 모양도 없기 때문에 넓이를 차지하지 않으며 위치만 정해져 있습니다.
(2) 선, 면 : 점이 움직인 자리는 선이 되고, 선이 움직인 자리는 면이 됩니다. 따라서 선은 무수히 많은 점으로 이루어져 있고, 면은 무수히 많은 선으로 이루어져 있습니다.

2. **무정의 용어** 너무나 당연하기 때문에 엄격하게 증명하거나 정의하지 않고 사용하는 용어가 있습니다. 이를 무정의 용어라고 하며, 대표적인 것으로 점, 선, 면이 있습니다.

아인슈타인의 첫 번째 수업

4차원 연예인

'4차원 연예인', '4차원 연기', '5차원 캐릭터'…….

요즘 텔레비전이나 신문을 보면 연예인을 소개할 때 이와 같은 수식어가 붙는 것을 자주 볼 수 있습니다. 어떤 연예인에게 엉뚱한 면이 많거나 예상 밖의 행동을 할 때 이런 말이 쓰이곤 하죠. 심지어 '36차원적 매력'이라는 수식어를 붙이는 경우도 있더군요.

자, 여러분. 우리는 지금부터 '차원'이라는 것에 대해 배워 볼 텐데요. 친구 중에 제일 '4차원적'으로 보이는 친구는 누구인가요? 그리고 그 친구를 4차원적이라고 부르는 이유는 무엇인가요?

"괴짜이기 때문이죠!"

"엉뚱해요!"

"이상한 생각을 많이 하고, 상상력이 뛰어난 것 같아요!"

맞아요. 이와 같이 '4차원적', '5차원적'이라는 단어는 보통 사람과는 달리 평소에 엉뚱한 행동이나 말을 많이 하는 사람에게 붙입니다. 남들과는 다른 생각을 하기 때문에 상상력이 뛰어나다고도 할 수 있죠. 그래서 그 사람들은 엉뚱한 매력을 좋아하는 주위 사람들로부터 사랑받기도 한답니다. 그렇기 때문에 4차원적인 매력을 가진 사람이란, 곧 개성이 강하다는 말로는 다 표현할 수 없는, 그들만의 독특한 스타일을 가지고 있는 사람들을 긍정적으로 표현한 말이라 볼 수 있습니다.

영화 속 차원

우리가 즐겨 보는 SF 영화나 공상 과학 만화도 4차원 세계나 다른 차원의 세계를 단골 메뉴로 제작되는 경우가 많습니다. 그런 작품 중 대표적인 것으로 〈도라에몽〉을 들 수 있는데요. 이 만화는 지금도 다양한 에피소드로 장수하며 아이들의 사랑을 독차지하고 있는 명랑 만화입니다. 〈도라에몽〉에서는 4차원 주머니를 매개로 하여 우리의 차원 외에 다른 차원의 존재를

암시하고, '요술 문'이라는 차원의 문을 이용한 시간 여행을 통해 아이들로 하여금 상상의 나래를 맘껏 펼치도록 이야기를 전개하고 있지요. 어때요? 재밌겠죠?

〈도라에몽〉은 일본의 만화가 후지코 후지오가 1969년부터 잡지에 연재하면서 세상에 선보였습니다. 그리고 1973년부터는 텔레비전 애니메이션으로 제작되어 여러 시리즈가 만들어지고 또 해마다 여름 방학이면 극장판으로도 상영되고 있답니다. 텔레비전 애니메이션이 연재 만화를 바탕으로 만들어졌다면, 극장판은 시공을 넘나드는 모험을 그린 작품으로 새롭게 제작되었어요. 잡지에 연재한 만화는 작가가 세상을 뜬 1996년까지 모두 45권의 단행본으로 만들어졌지요. 2007년에 개봉된 35주년 기념 극장판은 일본 박스오피스 1위를 기록하며 〈도라에몽〉의 식지 않는 인기를 보여 주기도 했답니다.

주인공 도라에몽은 20세기의 허약하고 무능해 보이는 초등학생 노진구를 변화시키기 위해 22세기에 사는 노진구의 자손이 보낸 로봇이에요. 하지만 22세기라는 미래에서 온 로봇임에도 최첨단 과학으로 무장한 터미네이터의 신비에 가까운 괴력을 지닌 로봇과는 그 기능이나 모습이 너무 달라요. 코믹하면서 귀여운 고양이를 닮은 동그란 얼굴, 동그란 눈, 빨간 코, 세 가닥 수염, 머리와 몸의 크기가 같은 2등신 몸매는 흡사 인형에 더 가깝죠. 다만 시간을 거슬러 온 미래의 로봇임을 강조하기 위해서 책상 서랍을 4차원의 문으로 설정하여 20세기로 건너오도록 되어 있어요.

 쥐가 갉아 먹어서 귀가 없는 도라에몽도 마법사의 지팡이, 마법 빗자루와 같은 물건을 가지고 있어요. 배에 붙어 있는 반달 모양의 4차원 주머니와 요술 문이 바로 그것이랍니다. 상상 속에서만 존재하는 그 어떤 것이라도 뚝딱 만들어 내는 주머니! 4차원 주머니는 겉으로는 소형 장난감 하나도 들어갈 수 없을 만큼 작아 보이지만 인기 댄스 그룹 소녀시대의 〈소원을 말해 봐〉처럼 진구가 소원을 말하면 갖가지 다양한 4차원 도구가 쏟아져 나옵니다. 또 가고 싶은 곳이면 어디든지 데려다 주는 요술 문도 문고리를 돌리고 문을 열면 원하는 곳으로 이동할 수 있게 해 주지요. 도라에몽은 이들 도구를 이용하여 친구들을 돕게 되는데, 덕분에 노진구는 차츰 용기 있고 씩씩한 소년으로 변해 가게 됩니다.

 여러분은 〈도라에몽〉을 보면서 나에게도 한 번쯤 저런 4차원 주머니가 하나 있었으면 하는 생각을 해 본 적은 없나요? 만약 4차원 주머니를 단 한 번 사용할 수 있는 기회가 주어지면 어떤 물건을 가장 갖고 싶죠?

"투명 인간이 되는 옷이요!"

"메시 축구화요!"

하하하. 그래요. 나도 4차원 주머니가 생기면 갖고 싶은 것이 많답니다. 그건 그렇고 〈도라에몽〉 외에도 다음과 같이 차원을 다루고 있는 영화가 많이 있습니다.

· 인간과 기계의 전쟁 이후, 폐허가 된 지구의 인간군 최고사령관의 존재 자체를 없애기 위해 타임머신을 타고 미래에서 과거로 거슬러 올라온 로봇 〈터미네이터〉

· 차원과 차원 사이에 구멍을 뚫어 블랙홀을 만드는 중력 구동기에 의해 순간적인 공간 이동을 하는 우주선을 다룬 〈이벤트 호라이즌〉

· 자신의 옷장에서 갑자기 나타난 난쟁이 무리에게 납치된 한 소년의 시간 여행 판타지 〈4차원의 난장이 E.T〉

· 의문의 비행기 공중 폭파 사고의 원인을 파헤치는 가운데 4차원 세계를 경험하게 되는 〈4차원 도시〉

· 영화와 TV 시리즈로도 제작되어 방송된 〈스타게이트〉

등등.

이들 영화나 공상 과학 만화에서 차원을 이야기할 때 다른 차원이란 곧 다른 세상을 의미합니다. 때문에 차원을 다룬 영화를 보면서 사람들은 우리가 생활하는 세상과는 판이하게 다른 세상에 대한 호기심이 일기도 하고 상상력을 통해 낯선 세상으로의 여행과 모험을 꿈꾸기도 합니다.

그런데 여러분은 이들 영화나 애니메이션을 보면서 이상하다고 생각해 본 적은 없나요? 영화 속 다른 차원의 세계는 미래 세계이거나 〈해리 포터〉처럼 마법 세계입니다. 그곳에선 인간뿐만 아니라 다른 생물과 어울려 생활합니다. 또는 괴물이나 로봇, 이상한 생물만 모여 사는 곳도 있습니다. 그런데 여기서 신기한 점은 인간이나 동물, 로봇, 외계 생명체 등 그들의 생김새나 생활 방식, 의식주 등이 인간과 똑같지는 않지만 매우 비슷하다는 점입니다. 그들이 사용하는 침실이나 식당, 그들이 먹고 즐기는 음식이나 음료, 춤추거나 싸우거나 하는 모습은 바로 우리가 일상적으로 보는 방식과 꽤 흡사합니다. 때문에 우리는 그와 같은 영화를 보면서 사실 '전혀 다른 차원의 세계'라기보다는 많이 다른 외국 문화를 보는 것 같은 느낌을 받기도 합니다.

예를 들어, 영화에서 시간 여행이나 공간 여행을 할 때 소용돌이나 어지러운 문양이 등장하곤 하는데요. 그건 우리가 살고 있는 3차원 세계에서 다른 차원의 세계로 이동할 때 나타납니다. 그런데 왜 영화감독들은 그런 장면에서 꼭 소용돌이나 어지러운 문양을 쓸 수밖에 없었을까요? 그것은 제아무리 상상의 것을 영상으로 보여 주는 영화라 할지라도 인간이 본 적 없는 차원의 세계는 표현하기 힘들기 때문이죠. 그렇다면 다른 차원의 세계는 도대체 어떤 모습일까요?

수학적 차원이란

우리가 영화나 일상생활에서 보는 차원도 있지만, 수학적으로 설명하는 '차원'도 있습니다. 수학에서는 어떤 물건이나 현상을 수로 나타내어 그 형태를 나타내거나 상황을 설명하려는 경향이 있죠. 물건은 그 길이나 부피를 수로 나타내어 다른 것과 비교하는가 하면, 자료의 분포 상태도 하나의 수로 나타내어 그 자료가 가지고 있는 특징을 분석하기도 합니다. 그리고 공간도 수로 나타내어 설명할 수 있어요. 이것이 바로 차원 개념입니다. 한마디로 차원은 공간을 분류하여 수학적으로 표현한 것이라고 할 수 있어요.

수학에서의 차원dimension은 '어떤 공간이 있는데 그 공간을 채우고 있는 한 점을 정확히 나타내기 위해 몇 개의 숫자가 필요한가.'를 말합니다. 이때 필요한 숫자의 개수를 '자유도'라고 합니다. 〈NEW 수학자가 들려주는 수학 이야기〉 29권 《유클리드가 들려주는 공간도형 이야기》에서 0차원은 점, 1차원은 선,

2차원은 면, 3차원은 공간, ……이라는 것을 배워 봤죠?

(1) 0차원 공간

수학에서 0차원 공간은 '점'이 나타내는 세계를 말합니다. 그것은 한 점이 이루는 세상에는 다른 어떤 것도 존재하지 않으며 오직 한 점만이 그 세계를 이루는 전체 구성원이므로 점의 위치를 알기 위해서는 아무것도 필요하지 않기 때문이에요. 이것은 곧 자유도가 '0'이라는 것을 말합니다.

점은 알다시피 크기가 없으므로 만약 점의 세계에 사는 주민이 있다면 그들은 앞뒤, 상하 어느 방향으로도 움직이지 못해 평생을 옴짝달싹하지 못하는 상태로 지내게 될 것입니다. 물론 어떤 학생은 '위로 펄쩍 뛸 수 있지는 않을까?' 하고 생각할 수도 있지만, 만일 점이 위로 펄쩍 뛸 수 있다면 그것은 이미 0차원의 존재가 아니게 됩니다.

(2) 1차원 공간

자, 여러분. 테이블 주위로 모여 보세요. 테이블 위에는 스펀지와 물감이 있습니다. 그리고 종이도 있죠. 이제 이 스펀지를 점과 같이 매우 작게 잘라 봅시다. 이 작은 스펀지를 점이라고 생각해 봅시다. 이때 물감을 묻힌 이 0차원 공간의 점을 한 방향으로 죽 끌어당기면 이렇게 선을 그을 수 있어요.

이것으로 보아 선은 점들의 연속이라 할 수 있습니다. 우리가 그은 선 위에 기준점 하나를 정하면 나머지 모든 점의 위치는 그 기준점으로부터의 거리로 나타낼 수 있어요. 보통 직선의 경우, 기준점 0에서 오른쪽으로 3만큼 떨어져 있는 그 점의 위치는 3으로 나타내고, 왼쪽으로 4만큼 떨어져 있으면 오른쪽의 방향과 다른 방향임을 표현하기 위해 음의 부호를 사용하여 −4로 나타냅니다.

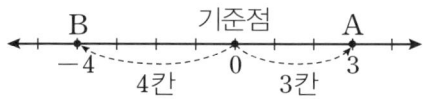

이와 같이 '기준점으로부터의 거리'라는 한 가지의 양만으로

도 그 위치가 정해지는 세계를 1차원 공간이라고 합니다. 즉, 자유도가 1인 공간인 것이지요.

　1차원 공간은 하나의 선 혹은 무한히 긴 하나의 길이라고 볼 수 있어요. 따라서 곧게 뻗은 직선뿐만 아니라 구부러진 곡선일지라도 그 위에 있는 점의 위치를 기준점으로부터 거리에 의해 결정할 수 있으므로 곡선 역시 1차원 공간입니다.

또 선은 무수히 많은 점들로 이루어져 있으므로 1차원 공간은 0차원 공간을 포함하고 있다고 할 수 있답니다. 우리 주변에서 1차원적인 공간의 특성을 가장 잘 이용하고 있는 대표적인 것으로 고속 도로를 들 수 있는데, 고속 도로는 기점시작점을 기준으로 고속 도로 위를 달리는 차의 위치나 휴게소의 위치를 알 수 있어요. 예를 들어 경부 고속 도로에 있는 망향 휴게소는 부산을 기점으로 하면 346km 지점에 위치해 있고, 서울을 기점으로 하면 79km 지점에 있는데, 이것만으로도 대략 그 위치를 짐작할 수 있습니다.

(3) 2차원 공간

이번에는 이 기다란 실을 1차원 공간인 선이라고 생각해 봅시다. 여러분이 방금 본 것처럼 기다란 실에 물감을 잔뜩 묻혀 어느 한 방향으로 끌어당기면 실이 지나간 자리에 면이 그려집니다. 따라서 면은 1차원 선들이 빽빽하게 밀집되어 있다고 할 수 있어요.

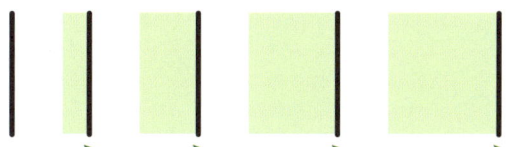

이렇게 만들어진 면 위에 임의의 점은 서로 수직으로 만나는 2개의 좌표축 x축, y축에서 기준점 원점 O으로부터 각각 얼마만큼 떨어져 있는지를 나타낸 두 거리 a, b에 의해 그 위치를 나타낼 수 있습니다. 이때 점의 위치는 순서쌍 (a, b)로 나타냅니다.

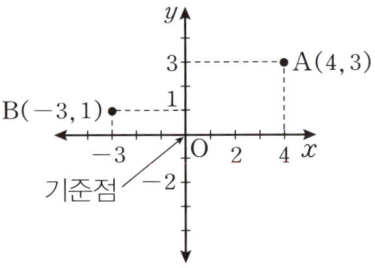

또는 기준점 점 O을 기준으로 하여 위치를 알고자 하는 점까지의 거리 r과 기준선 OX로부터 반시계 방향으로 회전한 각도 A를 이용하여 그 위치를 순서쌍 (r, A)로 나타내기도 합니다.

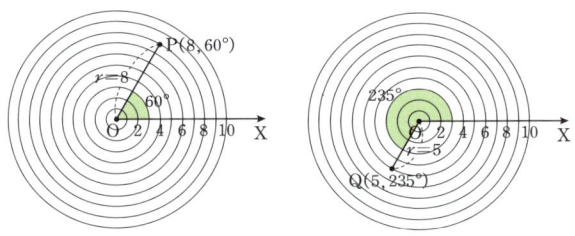

이와 같이 두 가지 양으로 그 위치가 정해지는 면의 세계를 2차원 공간이라고 합니다. 즉, 자유도가 2인 공간인 것이지요.

한편 면 위에는 무수히 많은 점과 선이 있으므로 2차원 공간은 0차원 공간과 1차원 공간을 포함하고 있습니다.

우리 주변에서 2차원적인 공간의 특성을 가장 잘 이용하고 있는 대표적인 것으로는 바다 위에서 선박의 위치를 알아볼 때 사용하거나 기상청에서 태풍이나 비를 몰고 다니는 구름의 위치를 추적하여 날씨를 예측할 때 사용하는 레이더를 들 수 있어요.

바다 위의 경찰인 해경이 레이더를 이용하여 다른 선박의 위치를 알고자 할 경우, 레이더마다 조금씩 차이는 있지만 보통 해경이 있는 지점을 기준으로 하여 상대 선박까지의 거리와 360° 방위를 이용하여 그 위치를 추적합니다. 요즘은 이 레이더뿐만 아니라 첨단 위치 추적 장치들을 이용하여 상대 선박의 위치를 매우 정확하게 파악합니다.

(4) 3차원 공간

그러면 3차원 공간은 어떻게 만들 수 있을까요?

0차원 공간을 이용하여 1차원 공간을 만들고, 1차원 공간으로 2차원 공간을 만드는 방법과 같이 2차원 공간을 이용하여 3차원 공간도 만들 수 있어요. 다음 그림과 같이 정사각형 모양의 천을 2차원 면이라 할 때, 3차원 공간은 물감을 묻힌 평면 모양의 천을 면 위의 방향이 아닌 새로운 방향으로 끌어당기면 만들 수 있답니다. 따라서 3차원 공간은 평행한 면이 빽빽하게 밀집되어 있다고 할 수 있지요.

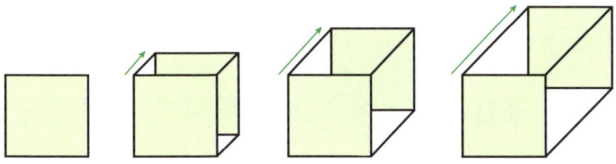

우리가 일상적인 삶을 영위하고 있는 공간은 수학적으로 3차원 공간에 해당해요. 이 공간의 임의의 점은 서로 수직으로 만나는 3개의 좌표축 x, y, z축에서 기준점원점 O으로부터 각각 얼마씩 떨어져 있는지를 나타낸 3개의 거리 a, b, c를 알게 되면 그 위치를 파악할 수 있어요.

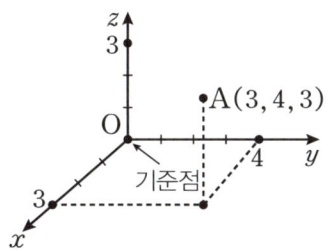

이렇게 세 가지 양으로 그 위치가 정해지는 세계를 3차원 공간이라고 하며 3차원 공간에서는 점의 위치를 순서쌍 (a, b, c)

로 나타냅니다.

(5) 4차원, 5차원, ……, n차원 공간

이제 4차원 공간을 만들어 보기로 합시다. 마찬가지로 3차원 공간 전체에 물감을 채워 3차원 공간에 포함되지 않은 새로운 방향으로 끌어당기면 4차원 공간을 만들 수 있어요.

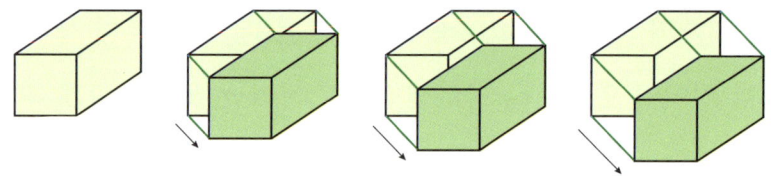

이때 우리의 눈으로는 3차원 공간을 벗어난 새로운 방향을 확인할 수 없습니다. 우리가 인식하는 방향이란 3차원 공간에 포함된 것뿐이기 때문이에요.

따라서 4차원 공간을 만들기 위해서는 3차원 공간에 포함되지 않은 우리가 볼 수 없는 방향으로 3차원 공간을 빽빽하게 쌓아 놓아야 한다고 생각할 수 있습니다. 위의 그림은 3차원 공간의 존재인 우리가 이해하기 쉽게 4차원의 공간 형태를 그려 놓은 것에 불과해요.

이것으로 보아 〈도라에몽〉의 4차원 주머니는 노진구가 있는 3차원 공간 바로 옆에 있는 또 다른 3차원 공간과 연결된 통로가 아닐까, 하는 짐작을 할 수 있어요.

우리가 살고 있는 이 3차원 공간이 밀집하여 차곡차곡 쌓인 4차원 공간의 형태가 어떻게 생겼을지 그 정확한 형태를 상상하기란 쉽지 않습니다. 그림과 같이 단순히 양만 늘어난 공간으로 생각하는 것은 3차원적 사고로 짐작한 것에 불과하다고 할 수 있어요. 이 공간에 있는 점의 위치를 네 가지 양으로 정할 수 있어 이 세계를 4차원 공간이라고 하며 순서쌍 (a, b, c, d)로 나타냅니다.

또 다섯 가지 양으로 나타낸 순서쌍 (a, b, c, d, e)로 공간에 있는 점의 위치를 정하는 세계를 5차원 공간이라 하며, 5차원 공간 역시 4차원 공간을 또 다른 새로운 방향으로 끌어당겨 만들 수 있어요. 5차원 공간을 다음 페이지에 그리긴 했지만 4차원 공간을 끌어당기는 새로운 방향은 4차원 공간에 포함되지 않는 것으로, 우리의 눈으로 볼 수 없음은 물론, 짐작하기도 매우 어렵습니다.

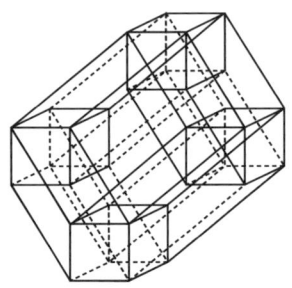

　이와 같이 여러 차원을 구성해 가는 방법에 따라 n개의 수로 나타낸 순서쌍 $(a, b, c, d, \cdots\cdots, n)$으로 점의 위치를 정하는 세계인 n차원 공간도 생각할 수 있어요.

　이와 같이 수학적으로는 차원을 무한히 늘려도 아무런 상관이 없어요. 수학적으로 '차원'이라는 것은 추상적인 개념입니다.

　지금까지 이야기한 것을 정리해 보면 일상생활에서 주로 사용되는 차원의 의미와 판타지 영화나 공상 과학 소설에서의 차원의 의미, 수학에서의 차원의 의미는 많은 차이가 있음을 알 수 있습니다.

수업정리

수학에서의 차원 dimension

어떤 공간을 채우고 있는 한 점을 정확히 나타내기 위해 필요한 숫자의 개수를 차원이라고 하는데 이때 그 숫자의 개수를 자유도라고 합니다.

(1) 1차원 공간선

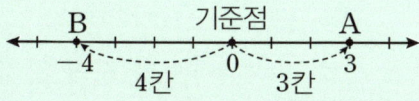

(2) 2차원 공간면

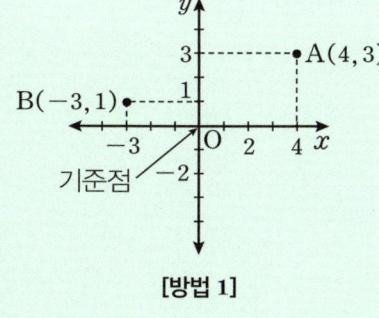
[방법 1]

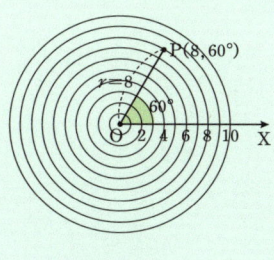
[방법 2]

(3) 3차원 공간 우리가 사는 세계

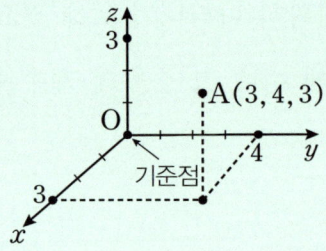

(4) n차원 공간

n개의 수로 나타낸 순서쌍 $(a, b, c, d, \cdots\cdots, n)$으로 점의 위치를 정하는 세계.

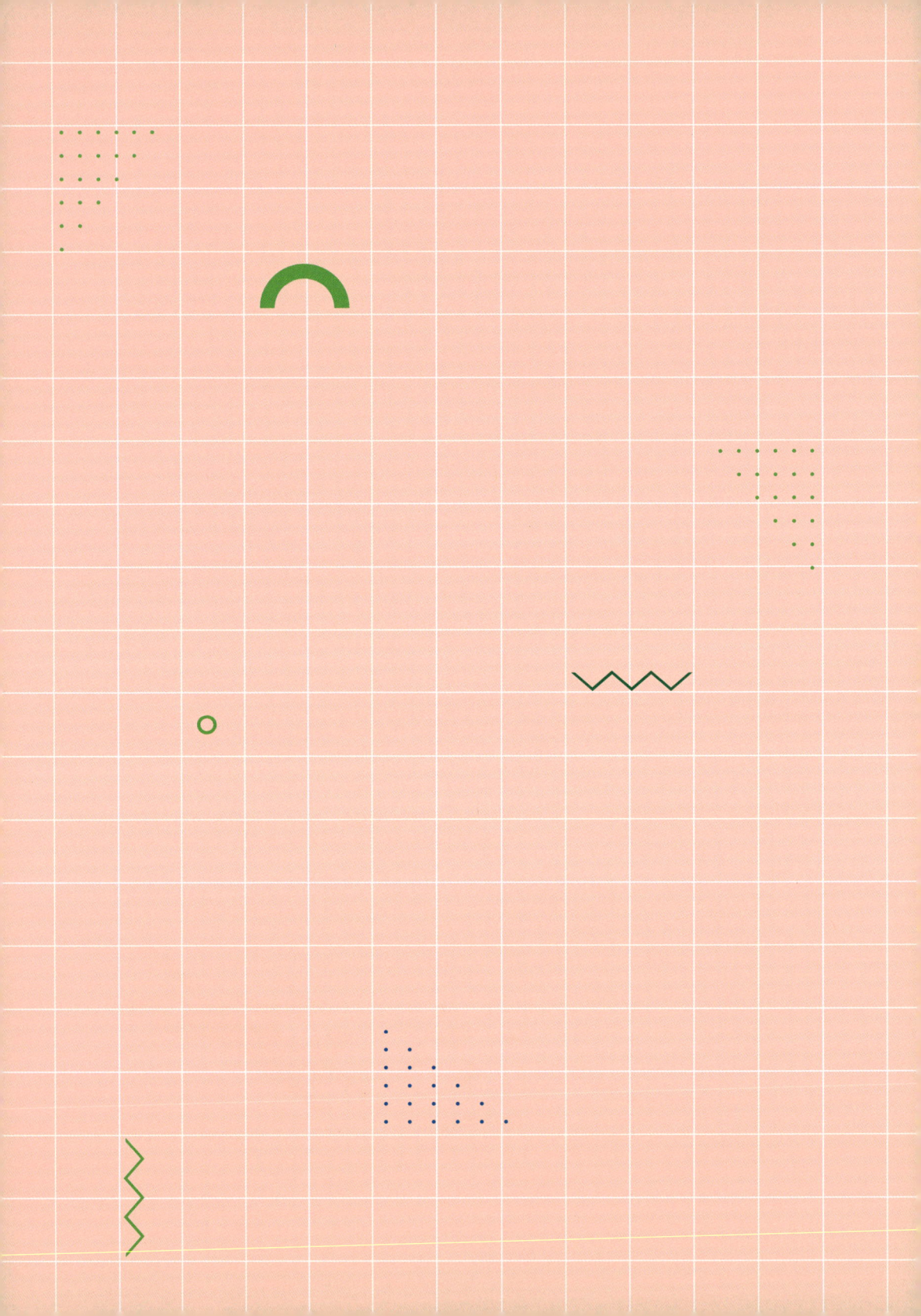

2교시

상상 플러스
차원의 세계

각 차원의 특징에 대해 알아봅시다.

수업 목표

1차, 2차, 3차원의 세계가 나타내는 특징에 대해 알아봅니다.

미리 알면 좋아요

플랫랜드 이야기 에드윈 애벗Edwin Abbott, 1838~1926이 1884년 발표한 공상 소설로 정확한 원제는 《플랫랜드 : 여러 차원의 이야기Flatland : A Romance of Many Dimensions》입니다. 크게 1부와 2부로 되어 있는 이 소설은 플랫랜드Flatland : 평면계라는, 평면도형이 사는 가상의 세계를 배경으로 하는데, 인접 지역에는 스페이스랜드Spaceland : 공간계, 라인랜드Lineland : 직선계, 포인트랜드Pointland : 점계 등의 나라가 있으며 각 나라는 서로 다른 나라가 있다는 것을 알지 못하고 주민들이 접촉하는 일도 드뭅니다.

아인슈타인의 두 번째 수업

이번 시간에는 조금 특별한 수업을 해 보려고 해요. 나와 여러분의 상상력이 총동원되어야 가능한 수업이랍니다. 함께 상상력의 나래를 활짝 펼쳐 보기로 할까요? 먼저 앞 시간에 공부한 수학적 차원을 생각하면서 시작해 보기로 해요.

우선, 선으로 이루어진 수학적 1차원 공간을 라인랜드Lineland, 면으로 이루어진 2차원 공간을 플랫랜드Platland, 3차원 공간을 스페이스랜드Spaceland라 이름을 붙이고, 각 공간에 수많은 주민이 살고 있다고 상상하면서 이들이 자신만의 세계에서 어떻게 살아가는지를 추측해 보기로 합시다.

1차원 세계, 라인랜드

먼저 여러분이 선으로만 이루어진 세계인 라인랜드에 살고 있다고 상상해 봅시다. 이 라인랜드에 살고 있는 주민은 어떤 모양을 하고 있으며 어떻게 움직일까요? 또 이곳 주민에게도 우리 인간처럼 눈, 코, 입이 있다면 어떤 모습을 하고 있을까요?

라인랜드는 선 위의 세계이므로 아마 이곳에 사는 주민들은 길이가 각각 다른 선분이나 직선, 반직선 등 모양이 다양한 곡선의 형태를 띠고 있을 것입니다. 그런데 선은 점의 연속이므로 점도 1차원 공간의 주민이 될 수 있어요.

주민들은 두께를 가지고 있지 않으므로 몸무게를 잴 수 없으며, 점을 제외한 선의 경우 키에 해당하는 '길이'만을 가지고 있

어요. 라인랜드에서는 다각형이나 입체도형과 같은 형태가 없으므로 만약 이들에게 눈, 코, 입이 있다면 각각 하나의 점으로만 존재할 것입니다.

또한 라인랜드 주민들은 앞과 뒤의 방향만을 인지합니다. 따라서 가로나 세로, 위아래와 같은 방향을 모르는 것은 물론, 라인랜드에서는 그런 방향을 나타내는 단어조차도 존재하지 않습니다. 그 때문에 라인랜드 주민들은 평생 동안 앞뒤에 있는 이웃밖에 만나 볼 수가 없어요. 이들 눈에 이웃은 모두 점으로밖에 보이지 않아 자신들의 세계가 모두 점으로만 이루어져 있을 거라 생각할 것입니다.

만약 라인랜드 주민이 지나는 길에 장애물을 만나게 되면, 아마 더 이상 나아갈 수 없어 가던 길을 포기하거나 당연한 것처럼 받아들이며 그냥 되돌아갈지도 모릅니다. 그 장애물을 돌아갈 생각은 절대 할 수 없기 때문이지요.

2차원 세계, 플랫랜드

2차원 세계인 플랫랜드는 면으로 이루어져 있어요. 플랫랜드의 주민들은 라인랜드 주민들과는 달리 앞뒤의 방향과 함께 좌우의 방향까지 알 수 있어요.

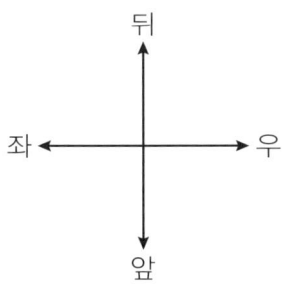

 따라서 길이 개념은 물론, 넓이 개념까지 알 수 있어요. 반면, 높이 개념이 없기 때문에 길 앞쪽으로 굵은 선 모양의 울타리가 빙 둘러쳐져 있으면 더 이상 앞으로 나아갈 수 없게 됩니다. 가령, 체육 대회를 한다고 할 때 플랫랜드에서는 100m 달리기는 할 수 있어도 100m 장애물 달리기는 할 수 없습니다. 플랫랜드에서는 장애물을 만나면 넘을 수 없고, 돌아갈 수밖에 없기 때문입니다.
 그렇다면 이 세계에 사는 주민들은 어떤 모습을 하고 있을까요? 플랫랜드는 면 위의 세상을 의미하므로 면 위에 그릴 수 있는 것이라면 어떤 것이라도 플랫랜드의 주민이 될 수 있습니다. 따라서 삼각형, 사각형, 원, 사다리꼴, 팔각형, 3차원 공간에 있

는 사람의 그림자 등이 플랫랜드의 주민이 될 수 있습니다. 1차원 세계인 라인랜드에서는 볼 수 없었던 독특하면서도 다양한 모양의 주민이 이 플랫랜드에서 살고 있습니다. 2차원 공간은 하위 차원인 0차원과 1차원 공간을 포함하므로 점, 선분, 반직선, 곡선이 2차원 공간의 구성 요소가 됩니다.

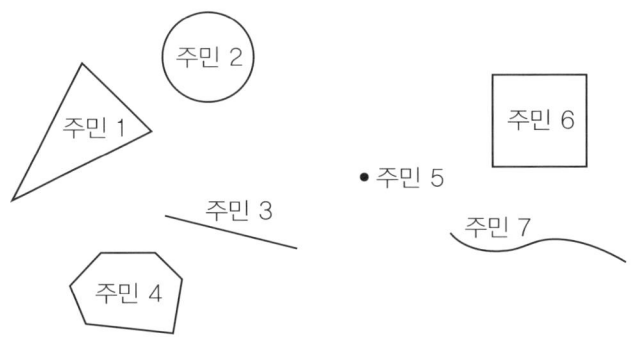

그렇다면 3차원 공간의 우리 인간과 닮은 플랫랜드 주민은 어떻게 생겼을까요? 여기 종이가 있습니다. 자, 여러분. 모두 플랫랜드의 주민이라고 생각되는 사람을 그려 보도록 하세요.

"선생님, 여기 그렸어요."

"애걔……. 이게 뭐야? 선생님, 이 사람이 플랫랜드의 주민일까요?"

 대부분 동그란 원 안에 눈과 코, 입을 함께 그려 넣어 얼굴을 그리고, 원 밖이나 원과 겹쳐 머리카락이나 귀를 그려 넣었을 것입니다. 그렇다면 이 플랫랜드 주민들은 어떻게 음식을 먹고 살아갈까요? 우선, 3차원 세계에 살고 있는 우리 모습을 생각해 보기로 해요. 우리의 눈, 코, 입은 신체 표면에 위치하고 있어 다른 것을 보고, 숨을 쉬며, 음식을 섭취할 수 있습니다. 플랫랜드 주민 역시 얼굴 피부에 해당하는 얼굴 윤곽선 위에 눈과 코, 입을 그려 넣어야 다른 주민들을 보면서 대화를 나누고 음식을 섭취할 수 있습니다.
 한편 3차원 사람의 경우 음식을 먹으면 입과 항문 사이를 연

결하는 소화 기관을 통과하여 다시 몸 밖으로 배출됩니다. 3차원 사람에게 소화 기관은 우리 몸을 관통하는 하나의 통로라 할 수 있습니다. 비록 겉으로는 보이지 않지만요.

그런데 플랫랜드 주민의 경우 소화 기관을 하나의 통로로 생각한다면 다음 그림과 같이 하나의 신체를 가진 사람 모습이 아닌 완전히 분리되어 그 모양이 매우 독특한 두 사람이 되어 버립니다. 소화 기관을 그리되 통로가 아닌 주머니 모양이 되도록 그려 넣어야 합니다. 그래야 살아갈 수 있겠죠?

3차원 세계, 스페이스랜드

스페이스랜드에서는 좌우상하에 이어 위아래의 방향을 인식할 수 있어 높이를 잴 수 있습니다. 그래서 길이, 넓이 개념 이

외에도 부피라는 개념을 생각할 수 있어요.

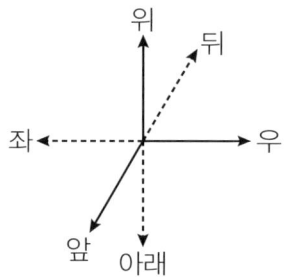

 스페이스랜드 주민은 플랫랜드와는 달리 육상 경기에서 200m 달리기뿐만 아니라 200m 장애물 달리기, 장대높이뛰기를 할 수 있음은 물론, 하늘에서는 비행기가 날고, 땅 밑으로 지하철이 다닐 수도 있습니다.
 스페이스랜드는 라인랜드, 플랫랜드의 주민을 포함함은 물론, 대부분의 주민이 사면체, 육면체, 구, 사람, 강아지, 새 등의 모양을 하고 있습니다.

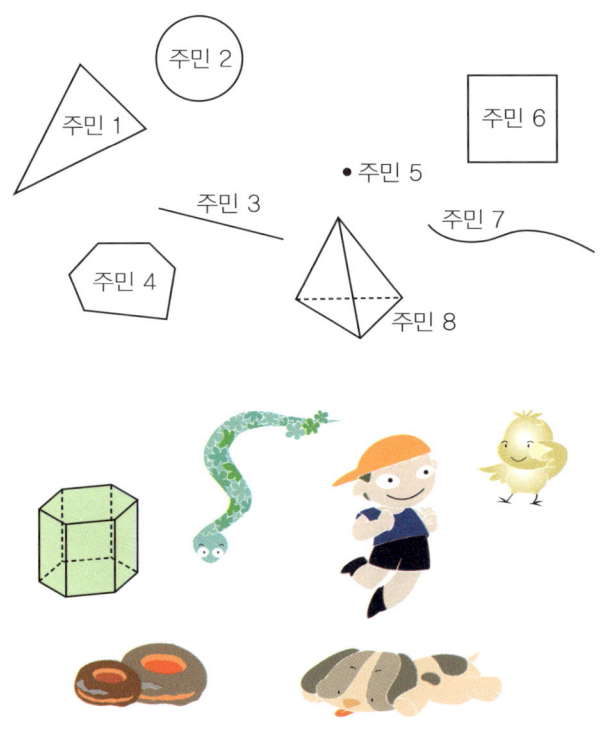

　3차원 세계인 스페이스랜드는 우리 인간이 실제로 살아가는 공간이에요. 그러므로 우리는 모든 것을 3차원적으로 인식하고 또 행동합니다. 그 때문에 삼각형 모양이나 원 모양의 주민은 애니메이션 〈이상한 나라의 앨리스〉에 등장하는 카드 병정처럼 눈, 코, 입이 플랫랜드 주민과는 달리 삼각형과 원 안에 있어도 상관없습니다.

차원을 넘어

만약 스페이스랜드 주민인 정육면체와 인간이 플랫랜드로 여행을 가면 어떻게 될까요? 이 두 주민이 플랫랜드에서도 여전히 정육면체와 사람으로 보일까요?

스페이스랜드 사람이 플랫랜드에 발을 딛고 걸어가면 그림자나 발자국의 형태로만 그 모습을 드러낼 것입니다. 밤에 불

빛에 비추어 손가락으로 여러 가지 동물 모양을 만들면 벽에 손가락 그림자가 생기는 것처럼 말이에요. 또 정육면체 모습을 한 주민 역시 플랫랜드에서는 모양이 다른 여러 가지 그림자나 플랫랜드와 닿는 부분에 따라 점, 선분, 정사각형의 모습을 하게 될 것입니다.

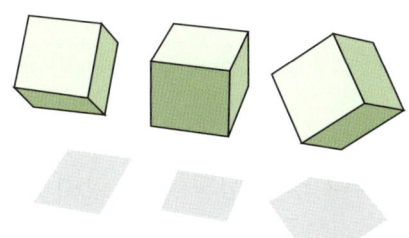

따라서 거꾸로 2차원 세계의 주민인 그림자를 통해 3차원 세계의 주민이 어떻게 생겼는지 유추할 수도 있어요. 하지만 그림자만으로 3차원 세계의 주민이나 정육면체를 정확히 유추해 내는 것은 어렵습니다. 그림자는 정육면체가 가지고 있는 많은 특성과 형태 중 매우 간단한 한 가지 정보에 불과하기 때문이죠.

이렇듯 무엇이든지 어렵고 복잡하며 새로운 무언가를 이해하기 위한 보다 효율적인 방법은 간단하고 쉬운 예를 생각해 본 다음 복잡하고 어려운 것을 생각하는 것입니다. 4차원 세계에서 일어나는 일을 짐작하는 것 역시 저차원에서 한 단계씩 차원이 올라갈수록 어떤 변화가 일어나는지 알아보면 정확하지는 않지만 어느 정도는 알 수 있습니다. 이를테면 1차원 세계인 라인랜드 주민에게 바로 앞에 놓인 장애물을 넘는다는 것은 기적에 가까운 일이었어요. 하지만 2차원 세계인 플랫랜드 주민은 그 길을 돌아가는 것으로 거뜬히 기적을 행해 낼 수 있습니다. 반면 플랫랜드 주민에게 주민들을 빙 둘러싸고 있는 폐곡선을 넘는다는 것은 기적에 해당하는 일이에요. 절대로 일어나서는 안 되고 일어날 수도 없는 일인 것이죠. 그렇지만 3차원 세계인 스페이스랜드 주민에게 그런 일쯤은 식은 죽 먹기예요. 한 번의 점프로 사방이 꽉 막혀 있는 폐곡선을 간단히 넘을 수 있기 때문입니다.

이것으로 보아 스페이스랜드 주민에게 기적같이 보이는 모든 일을 4차원 세계의 주민은 거뜬히 해낼 수 있다는 것을 짐작할 수 있어요. 우리는 달걀을 깨지 않고 노른자를 꺼낼 수 없지만 4차원의 주민이라면 얼마든지 가능합니다.

그렇다면 저차원의 주민이 고차원의 주민과 친분만 있다면 기적을 행하는 일은 그야말로 식은 죽 먹기가 아닐까! 각 차원의 초특급 마술사도 혹시 그런 것은 아닐는지. 설사 그렇더라도 고차원의 주민과 친분을 맺는 것만으로도 이미 그것은 최고의 마술이 아닐까!

플랫랜드 마술사의 상상 플러스 마술

자, 한 가지를 생각해 봅시다. 고차원 주민과 친분이 있는 마술사 A가 있다고 합시다. 이 마술사 A는 과연 어떻게 마술을 부리는지 잠깐 살펴보도록 합시다.

플랫랜드의 마술사 A가 무대 위에서 마술을 준비하고 있습니다. 무대 중앙에는 사각형 모양의 상자가 하나 있습니다. 마술사 A는 사각형 상자가 텅 비어 있다는 것을 관객에게 확인시켜 줍니다. 관람석에서는 마술을 구경하러 온 많은 관객이 사각형 상자에서 눈을 떼지 않고 계속 지켜보고 있습니다.

관객들은 사각형 상자를 보고 있지만 그들에게는 사각형 상자의 일부 변만 보일 뿐 내부는 전혀 볼 수 없어요. 반면에, 마술사 A와 친분이 있는 스페이스랜드의 주민은 플랫랜드 위의 상공에서 플랫랜드를 내려다볼 수 있으므로 사각형 상자 안과 밖을 동시에 볼 수 있음은 물론, 상자의 내부에 손가락을 살짝 가져다 댈 수도 있어요.

잠시 호기심 어린 표정을 한 관객들을 훑어보던 마술사가 공간의 한 지점을 향해 눈을 찡긋하고서는 회심의 미소를 지으며 주문을 욉니다.

"자, 지금부터 이 빈 상자에 예쁜 비둘기가 나타나도록 해 보겠습니다. 수리수리 마수리 아브라카다브라 얍!"

잠시 후 마술사가 사각형 상자의 뚜껑을 열게 되면 관객들은 화들짝 놀랄 것입니다. 빈 상자에 비둘기를 넣는 것을 보지 못했는데 갑자기 들어 있으니 말입니다.

"어떻게 이런 일이 일어날 수 있었을까! 정말 마술사가 해리 포터처럼 타고난 마술 능력을 지니고 있는 것은 아닐까?"

마술사 A가 스페이스랜드 주민과 짜고 마술사의 주문에 맞추어 사각형 상자 안에 납작한 비둘기를 살짝 집어넣은 것을 전혀 눈치채지 못한 채 말입니다. 마술사 A가 관객 몰래 비둘기를 흔적도 없이 다시 없애는 것 역시 매우 간단합니다. 스페이스랜드에 살고 있는 친구를 향해 눈을 한 번만 더 깜박이면 되니까요. 그러면 그 스페이스랜드 주민 친구가 이를 지켜보고 있다가 다시 살짝 드러내면 되기 때문입니다.

이번에는 마술사 A가 뚜껑을 열거나 사각형 상자의 변을 자르지 않고 안에 들어 있는 비둘기를 상자 밖으로 꺼내는 마술을 부리려고 합니다. 해리 포터처럼 대단한 능력을 가지고 있다면 모를까, 그렇지 않다면 플랫랜드에서 이런 일이 가능할까요?

 이번에도 스페이스랜드 주민의 힘을 빌리면 매우 간단합니다. 스페이스랜드 주민이 사각형 변의 일부를 손가락으로 살짝 들어 올리면 되기 때문이에요. 단지 마술사는 입으로 주문만 외면 되는 거지요.

그 순간 플랫랜드 관객들은 가위로 잘라 낸 것도 아닌데 사각형의 변의 일부가 느닷없이 사라진 것을 보게 될 것입니다. 이때 마술사가 상자에서 납작 비둘기를 꺼내어 관객들에게 보여 줍니다. 마술사가 비둘기를 꺼내는 것을 본 스페이스랜드 주민이 들어 올렸던 변의 일부를 내려놓으면 변의 일부가 사라진 사각형 상자는 다시 닫혀 있는 원래의 사각형 상자 모양이 될 것이며 마침내 신기하기 이를 데 없는 마술이 완성됩니다.

스페이스랜드 마술사의 야심만만 마술

같은 방법으로 4차원 공간의 한 주민과 친분이 있는 스페이스랜드에 사는 마술사 B도 비어 있던 직육면체 상자에 갑자기 비둘기가 나타나는 마술을 부릴 준비를 하고 있어요. 인간 마술사 B가 관객들에게 역시 직육면체 상자가 텅 비어 있다는 것을 확인시켜 줍니다.

스페이스랜드의 우리가 직육면체 상자를 볼 때 그 외부의 일부만 볼 뿐 내부는 전혀 볼 수 없어요. 하지만 4차원 공간에 사는 주민들은 상자의 내부와 외부를 동시에 볼 수 있으며, 우리에게 들키지 않고도 상자의 내부에 손을 넣었다 뺐다 할 수 있을 것입니다. 수학적으로 생각하는 4차원은 3차원 공간이 차곡차곡 쌓여 있기 때문에 4차원 주민들은 우리가 사는 스페이스랜드 바로 위에서 우리의 모든 것을 다 볼 수 있는 것입니다.

플랫랜드의 마술사 A가 했던 것과 똑같이 스페이스랜드의 마술사 B가 주문을 욉니다.

"자! 보세요. 이 상자는 안이 텅 비어 있습니다. 이 빈 상자에 예쁜 비둘기가 나타나는 마술을 보여 드리겠습니다. 수리수리 마수리, 아브라카다브라~ 얍!"

 마술사 B의 과장된 행동과 자신만만한 말에 따라 직육면체 상자의 뚜껑을 여는 순간 3차원의 관객들은 4차원 주민이 살짝 집어넣은 비둘기를 보게 됩니다. 마찬가지로 4차원 주민의 도움을 받아 상자를 부수거나 상자 면의 일부를 오려 내지 않고 비둘기를 꺼내는 마술을 부릴 수도 있습니다. 플랫랜드 마술사 A가 스페이스랜드 주민인 우리의 도움을 받아 마술을 부린 것처럼, 4차원 주민이 상자 면의 일부를 조금만 들어 올려 주면 간단히 마술을 부릴 수 있습니다. 이 순간에 비둘기가 상자 밖으로 나오면 마술을 부린 것과 같은 효과를 얻을 수 있는 것이지요.

  들어 올렸던 부분을 다시 내려놓기만 하면 상자에 아주 작은 흠도 내지 않고 무사히 비둘기를 꺼내는 신기한 마술을 완성하게 됩니다. 마술사는 입으로 주문만 외었을 뿐 아무런 힘을 쓰지 않았는데도 말입니다.

  이런 상상을 하다 보니 〈해리 포터〉의 마법 세계가 생각나는군요. 해리와 론, 헤르미온느가 사는 세계는 우리의 세계와 어떻게 다를까요?

소설 〈해리 포터〉 속 마법사들의 세계

  〈해리 포터〉에서는 해리와 마법학교 학생들이 킹스크로스역의 9와 $\frac{3}{4}$ 승강장에서 호그와트행 기차를 타고 학교로 가는 장면이 나오는데, 이 9와 $\frac{3}{4}$ 승강장은 마법을 사용할 수 없는 인간인 머글들이 사는 세상과 마법사들이 사는 세상을 연결하는 문과 같은 역할을 합니다. 9와 $\frac{3}{4}$ 승강장이라 한 것은 아마도 평범하지 않으면서 그 위치를 정확히 알지 못하면 절대로 학교로 갈 수 없다는 것을 표현한 것일 겁니다. 만약 승강장을 8승강장이나 9승강장이라 했다면 인간들이 쉽게 찾을 수 있음은 물론 마법사들이 사라지는 순간이 노출되어 어떻게든 마법사의 세계로 들어가려는 인간이 생기게 될 것은 뻔한 일입니다.

승강장을 찾아 머글의 세상을 벗어난 해리 포터와 마법사들은 자신들의 세계로 미끄러져 들어갑니다. 이렇게 들어간 세계는 비밀과 놀라움으로 가득 찬 이상한 세계일 것 같지만 막상 소설에서 그린 이 세계는 단지 마법을 부리는 머글이 사는 세계에 불과해 보입니다. 그들이 먹는 음식이나 생활하는 공간, 공부하는 모습이나 파티를 벌이는 모습 등등. 단지 교통이나 통신 등 현재 머글의 과학 문명이 해리 포터가 있는 마법사의 세계에서 없는 것처럼 보이는 것은 바로 마법 때문이라 할 수 있어요. 머글은 마법을 부릴 수 없어 자동차, 컴퓨터와 같은 여러 가지 과학적 도구를 발명하여 사용하고 있지만 마법사는 순간 이동을 할 수 있고 마법으로 불도 켤 수 있음은 물론 머글이 과학으로 할 수 있는 모든 것을 마법으로 할 수 있어, 굳이 과학 기술을 발달시킬 필요성을 느끼지 못했을 것입니다.

이것으로 보아 해리 포터와 그 마법사들이 사는 세계는 수학적 4차원 세계가 아닌 머글들이 사는 3차원 세계와 나란히 붙어 있는 또 다른 3차원 세계가 아닐까, 하고 짐작할 수 있어요.

또 9와 $\frac{3}{4}$ 승강장은 두 3차원 세계를 연결하는 통로가 아닐까요?

수업 정리

❶ 1차원 세계, 라인랜드
(1) 앞과 뒤의 방향만을 인식한다.
(2) 장애물을 만나면 되돌아가거나 아예 넘는 것 자체를 포기한다.

❷ 2차원 세계, 플랫랜드
(1) 앞뒤 방향과 함께 좌우 방향까지 인식한다.
(2) 길이 개념 외에 넓이 개념도 생각할 수 있다.
(3) 높이 개념이 없어 육상 대회 중 장애물 달리기는 없다.
(4) 우리 인간의 모습을 한 주민이 있다면 그 주민의 눈과 코, 입은 얼굴선과 연결되도록 그려야 한다.

❸ 3차원 세계, 스페이스랜드
(1) 길이, 넓이 개념 외에도 부피라는 개념을 생각할 수 있다.
(2) 우리 인간이 사는 세계를 말한다.

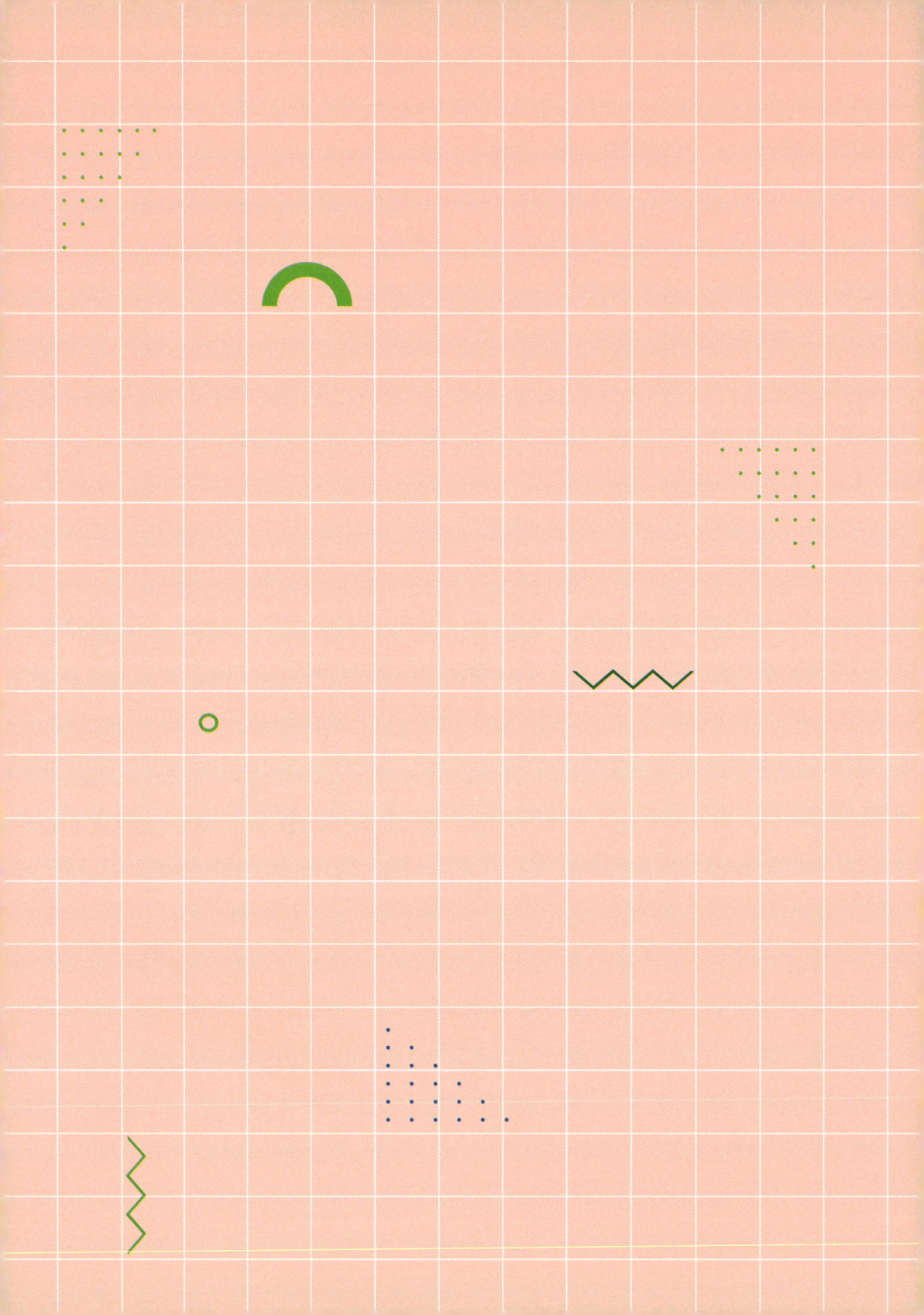

3교시

무한 도전!
4차원 도형

앞에서 배운 내용을 바탕으로 4차원에 대해 알아봅시다.

수업 목표

1. 4차원 공간의 형태에 대해 알아봅니다.
2. 4차원 도형의 형태 및 특징에 대해 알아봅니다.

 미리 알면 좋아요

1. 정사각형의 넓이
(한 변의 길이가 a인 정사각형의 넓이)$=a^2$

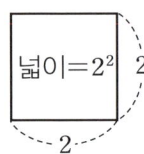 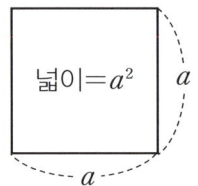

2. 정육면체의 부피
(한 모서리의 길이가 a인 정육면체의 부피)$=a^3$

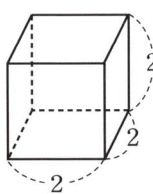 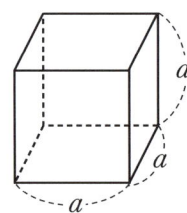

(부피)$=2^3$ (부피)$=a^3$

아인슈타인의 세 번째 수업

 수학적 4차원 세계는 아직까지는 우리 중 어느 누구도 실제로 가 보지 않았기 때문에 어떤 모습을 하고 있는지 모릅니다. 하지만 가 보지 않았다고 해서 그 세계에 대해 호기심을 갖거나 상상하는 것조차 포기할 수는 없겠죠?

 미지의 4차원 세계를 조금이나마 이해하기 위한 좋은 방법 중 하나는 바로 전 시간에 이야기한 것처럼 1차원에서 2차원, 2차원에서 3차원, 3차원에서 4차원과 같이 차원이 올라갈수록 어떤 일이 일어났는지를 알아보면 됩니다.

자, 그럼 오늘 이 시간에는 4차원 공간의 이해를 위해 차원을 차례대로 살펴볼까요?

공간을 자르면

1차원 공간인 선을 자르면 그 단면은 어떤 모양일까요? 그것은 바로 0차원 공간인 점을 나타내며, 선을 오른쪽 부분과 왼쪽 부분으로 나누는 구실을 합니다.

또 2차원 공간인 면을 자르면 그 단면은 1차원 공간인 무한히 긴 선으로 나타납니다. 이 선 또한 면을 두 부분으로 나눕니다.

이번에는 3차원 공간인 무한히 큰 입체를 잘라 봅시다. 그러면 그 단면은 아래 그림과 같이 2차원 공간인 무한히 넓은 면의 모습을 하고 있음을 알 수 있습니다.

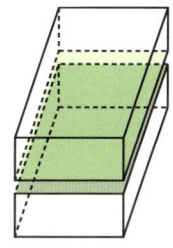

 따라서 2차원 공간은 두께가 매우 얇은 3차원 공간에 해당한다는 것을 알 수 있습니다.

 앞의 세 가지 경우로 짐작컨대 한 차원을 둘로 나눌 때 그 단면은 반드시 본래 차원보다 한 차원이 낮은 공간이 된다는 것을 알 수 있습니다.

	1차원 공간	2차원 공간	3차원 공간	4차원 공간
단면의 모습	점	선	면	?

 따라서 우리가 사는 3차원 공간은 아주 넓은 4차원 공간을 둘로 나눌 때 그 단면이라고 할 수 있어요.

```
[4차원 공간] --단면--> [3차원 공간]
```

즉, 3차원 공간은 무한히 얇은 4차원 공간이며, 3차원 공간이 빼곡하게 쌓여 있는 것이죠. 결국 3차원 바로 옆에는 4차원의 매우 넓은 공간이 있지만 단지 우리가 느낄 수 없어 알지 못할 뿐입니다.

지금부터 4차원의 도형이 어떻게 생겼을지 살펴보기로 해요. 그중에서도 먼저 3차원 정육면체에 해당하는 4차원 도형이 어떻게 생겼는지 알아보기로 합시다.

4차원 정육면체, 하이퍼큐브

4차원의 정육면체를 알아보기 전에 먼저 2차원, 3차원에서 기본 도형에 해당하는 정사각형과 정육면체에 대해 살펴보기로 해요. 2차원 도형인 정사각형은 변의 길이가 모두 같은 사각형입니다. 4개의 꼭짓점과 4개의 변으로 구성되어 있는 정사각형의 한 변의 길이가 a이면, 그 넓이는 a^2이 됩니다.

또 2차원의 정사각형에 해당하는 3차원 도형은 정육면체로 모두 6개의 정사각형으로 둘러싸여 있어요. 이 정육면체를 자세히 살펴보면 12개의 모서리와 8개의 꼭짓점으로 구성되어 있고, 한 모서리의 길이가 a이면 그때 부피는 a^3이 됩니다.

이제 4차원의 도형 중에서 2차원의 정사각형, 3차원의 정육면체와 같은 역할을 하는 도형에 대해 알아보기로 할까요? 우선 3차원의 정육면체와 구별하기 위해 이 도형을 '하이퍼큐브'라고 합시다. 자, 그렇다면 하이퍼큐브는 어떤 모양을 하고 있을까요?

정사각형

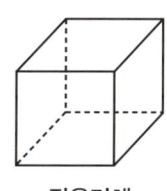
정육면체

하이퍼큐브

넓이	a^2
꼭짓점	4개
변	4개
면	1개

부피	a^3
꼭짓점	8개
모서리	12개
면	6개

부피	a^4
꼭짓점	?
모서리	?
면	?

아인슈타인의 세 번째 수업

하이퍼큐브의 구체적인 모습을 추측하기 위해 정육면체를 만드는 과정을 살펴보기로 합시다. 우선 길이가 a인 선분 AB를 이 선분과 수직인 방향으로 a만큼 이동시키면 선분 AB가 지나간 자취가 그린 도형은 정사각형 ABCD가 됩니다.

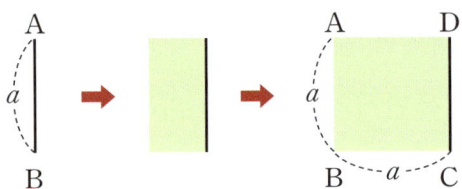

	선분	정사각형	
점	2개	2+2(이동 후)	4개
선분	1개	1+1(이동 후) +2(이동 중 두 점에서 생김)	4개
면	0개	1	1개
입체도형	0개	0	0개

그런 다음 정사각형 ABCD를 3차원의 방향(높이)으로 다시 a만큼 이동시키면 이번에는 정육면체 ABCD-EFGH가 됩니다.

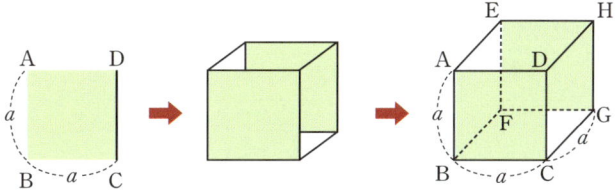

	정사각형	정육면체	
점	4개	4+4(이동 후)	8개
선분	4개	4+4(이동 후) +4(이동 중 두 점에서 생김)	12개
면	1개	1+1+4(이동 중 네 모서리에서 생김)	6개
입체도형	0개	1	1개

이제 정육면체 ABCD-EFGH를 이용하여 하이퍼큐브를 만들어 봅시다. 정육면체를 제4의 수직인 방향으로 a만큼 이동시키면 하이퍼큐브가 만들어집니다.

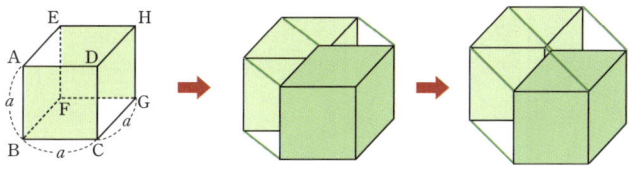

아인슈타인의 세 번째 수업

	정육면체	하이퍼큐브	
점	8개	8+8(이동 후)	16개
모서리	12개	12+12(이동 후) +8(이동 중 네 점에서 생김)	32개
면	6개	6+6+12(이동 중 네 모서리에서 생김)	24개
입체도형	1개	1+1(이동 후) +6(이동 중 6개의 면에서 생김)	8개

이것으로 보아 하이퍼큐브는 16개의 점과 32개의 모서리, 24개의 면, 8개의 입체로 구성되어 있음을 짐작할 수 있습니다.

4차원 하이퍼큐브를 2차원 평면 위에 그릴 수 있을까?

3차원 공간에 사는 우리는 종종 3차원 도형을 2차원 평면에 그리곤 합니다. 그렇다면 4차원 도형도 2차원 평면에 그릴 수 있을까요? 이를 알아보기 위해 마찬가지로 3차원 정육면체를 2차원 평면 위에 그려 보기로 해요.

자, 여기 종이가 있습니다. 각자 3차원 도형인 정육면체를 그려 보도록 하세요.

여러분이 그린 것을 살펴보니 대부분이 다음과 같은 모양이군요.

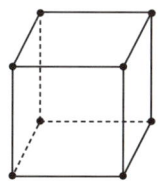

여러분! 이 모양은 정육면체를 정확히 나타낸 것일까요?

그렇지 않지요? 원근법을 이용하여 정육면체를 종이 위에 그리면 보는 방향과 각도에 따라 여러 가지 모양으로 그릴 수 있지만 보통은 여러분이 그린 것과 별반 다르지 않아요. 이때 종이 위의 정육면체 그림은 실제의 정육면체와 상당히 다르다는 것을 알 수 있어요.

실제 정육면체는 모든 면이 정사각형이지만 종이 위에 그려진 정육면체의 각 면은 정사각형이 아니며, 모든 각의 크기 역시 직각을 나타내지 않아요. 하지만 3차원 공간에 살고 있는 우리는 이 그림을 보면서 3차원의 정육면체로 인식합니다. 그것은 경험을 통해 지각한 것을 뇌에서 각 부분을 조합하여 그림을 보기 때문이에요.

그럼 이제 이런 내용을 바탕으로 하여 4차원 하이퍼큐브를 2차원 종이 위에 그려 볼까요? 하지만 이 일은 결코 쉽지 않아요. 3차원 정육면체는 실제로 손으로 만지작거리며 전체적인 모양을 인식할 수 있지만 4차원 하이퍼큐브는 그 모양을 상상하는 것은 물론 4차원 공간을 구성하는 제4의 방향을 아는 것조차도 어렵기 때문이에요.

더불어 4차원 하이퍼큐브는 2차원 종이에 비해 2개의 차원을 건너뛰어야 볼 수 있기 때문에 2차원 종이 위에 하이퍼큐브를 그리는 것을 어렵게 합니다. 하지만 3차원 도형을 2차원 종이 위에 나타내는 방법과 제4의 방향을 3차원적 시각으로 설정함으로써 4차원 도형을 오른쪽 그림과 같이 2차원 공간에 나타낼 수 있어요. 3차원 공간에서 4차원 하이퍼큐브 역시 표면이 정사각형이 아니며 모든 각이 직각을 나타내지 않을 것입니다.

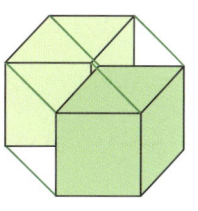

4차원 하이퍼큐브의 전개도

차원을 낮추어 생각하면 4차원 하이퍼큐브의 전개도를 그릴 수 있는 방법을 생각할 수 있습니다. 2차원 도형인 정사각형을 1차원 공간에 나타내면 어떻게 될까요?

아마도 다음과 같은 선분의 모양을 할 것입니다.

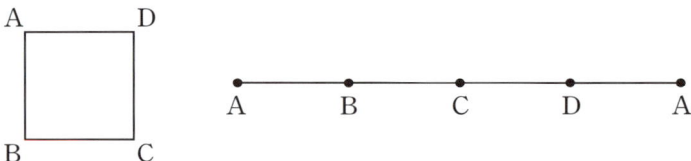

한편 3차원의 정육면체는 그 전개도를 2차원 평면 위에 그릴 수 있습니다.

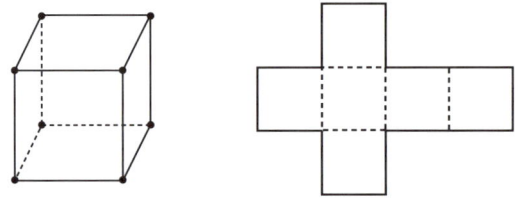

이때 전개도를 살펴보면 6개의 면이 모두 정사각형이며 모든 각의 크기 역시 직각임을 알 수 있습니다. 또 6개의 면 중 바로

이웃하지 않는 한 면을 제외한 나머지 4면은 어느 측면을 보더라도 접촉되어 있습니다. 예를 들어 주사위의 1의 면은 6의 면을 제외한 나머지 면들과 붙어 있다.

정육면체의 전개도와 유사하게 이제는 하이퍼큐브의 전개도를 생각할 수 있어요. 다음은 하이퍼큐브의 전개도입니다.

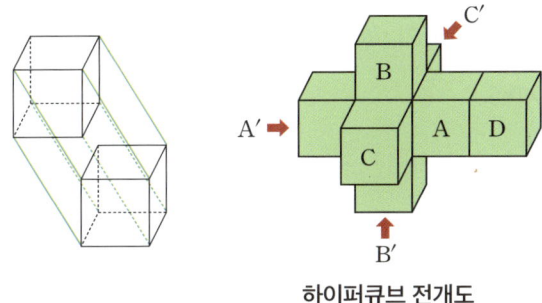

하이퍼큐브 전개도

4차원 하이퍼큐브의 전개도는 모든 각이 직각을 나타내는 완벽한 8개의 정육면체로 이루어져 있으며, 이것을 모아 놓으면 위의 그림과 같은 모양이 됩니다.

즉, 하이퍼큐브를 구성하는 8개의 정육면체 중 한 정육면체와 인접하는 6개의 정육면체가 서로 붙어 있고, 인접하지 않고 마주 보는 한 정육면체와는 떨어지도록 그려집니다.

그림에서 확인하면 A와 A′, B와 B′, C와 C′, D와 D′는 접촉하지 않는 면입니다. 앞 그림의 경우 D′는 나머지 6개에 둘러싸여 있기 때문에 보이지 않는다.

4차원 정사면체, 오포체

4차원 공간에도 하이퍼큐브 외의 또 다른 도형들이 있을 것입니다. 그중 3차원의 정사면체에 해당하는 4차원 도형을 '오포체'라 합시다.

하이퍼큐브의 형태를 짐작하기 위해 살펴본 것처럼 삼각형에서 시작하여 오포체의 형태를 알아보기로 합시다.

삼각형은 한 직선과 그 직선 위에 있지 않은 한 점으로 만들 수 있습니다. 즉, 그 한 점에서 직선의 양 끝을 연결한 것이 삼각형입니다.

이와 마찬가지로 다음 그림과 같이 사면체는 삼각형과 그 삼각형 위에 있지 않은 한 점 공간상에서을 연결하여 만듭니다.

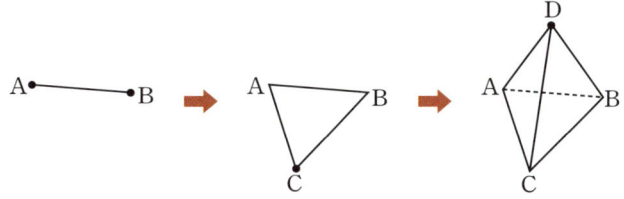

	선분	정삼각형		정사면체	
점	2개	2+1(같은 평면상의 한 점)	3개	3+1(다른 평면상의 한 점)	4개
선분	1개	1+2 (한 점과 선분의 두 점을 연결한 직선)	3개	3+3 (한 점과 삼각형의 꼭짓점을 연결한 직선)	6개
면	0개	1	1개	1+3 (한 점과 삼각형의 모서리로 만든 면)	4개
입체 도형	0개	0	0개	1	1개

이제 오포체를 상상할 수 있겠지요? 오포체는 사면체를 밑 입체 _{주석}로 두고 4차원상의 한 점과 이 사면체를 연결하여 만듭니다.

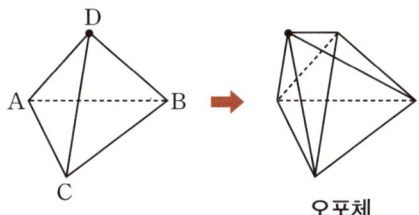

오포체

아인슈타인의 세 번째 수업

	정사면체	오포체	
점	4개	4+1(다른 3차원 공간상의 한 점)	5개
모서리	6개	6+4(한 점과 사면체의 꼭짓점을 연결한 직선)	10개
면	4개	4+6(한 점과 사면체의 모서리를 연결한 것)	10개
입체도형	1개	1+4(사면체의 4개의 면에서 생김)	5개

4차원의 구는 어떻게 만들까?

동일 평면에서 2개의 점을 정하면 이 2개의 점을 통과하는 직선이 정해집니다.그림1 3차원 공간에서는 3개의 점이 있으면 이들 점을 통과하는 한 평면이 결정됩니다.그림2 마찬가지로 4차원 공간에서 4개의 점을 지정하면 이 4개의 점을 포함하는 3차원 공간이 하나 확정됩니다. 이것은 고차원으로 가도 똑같이 정의됩니다.

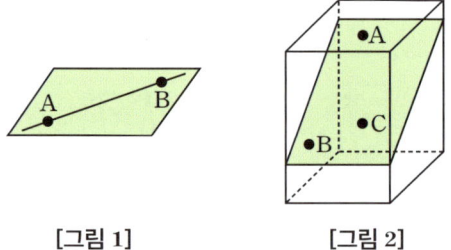

[그림 1]   [그림 2]

또 같은 평면 위에서 한 직선 위에 있지 않은 3개의 점을 정하면 이 3개의 점을 지나는 원은 오직 1개만 결정됩니다.그림 3 3차원 공간 안에 4개의 점을 지정하면 이 4개의 점을 통과하는 구면은 1개만 존재합니다.그림 4 마찬가지로 4차원 공간 안에 5개의 점을 정하면 이 5개의 점을 통과하는 4차원의 구면이 오직 1개만 결정됩니다.

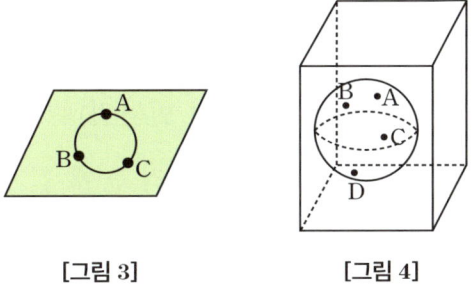

[그림 3]   [그림 4]

이 4차원의 구를 상상할 수는 없으나 아마도 그 표면은 3차원일 것입니다. 왜냐하면 3차원의 구의 표면은 2차원의 곡면이기 때문이에요.

그럼 이런 4차원의 구가 3차원의 공간을 지나가면 어떻게 될까요? 이를 이해하기 위해 3차원의 구가 2차원의 평면을 통과하는 상황을 생각해 보기로 합시다. 우선 구가 평면에 접하는 순간에는 점이 될 것입니다. 그러다가 점점 그 점은 반지름을 갖는 원이 되다가 대원의 반지름까지 그 반지름이 커질 것입니다. 그 후 다시 반지름이 작아지면서 점이 되고 흔적도 없이 사라질 것입니다.

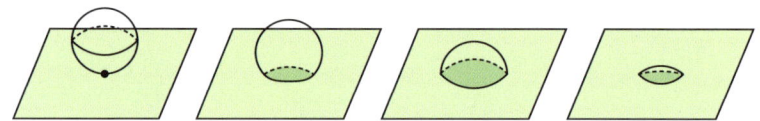

4차원 공간에서도 똑같은 상황이 벌어집니다. 4차원의 구가 우리의 3차원의 공간을 지난다면 우리 눈에 갑자기 어딘가에서 점이 하나 보이다가 점점 4차원 구의 단면인 3차원의 구가 보일 것입니다. 그 구는 반지름이 커지다가 결국은 4차원 구의 반지름까지 커질 것입니다. 그 후 다시 반지름이 작아지면서 갑자기 3차원의 구는 점이 돼서 사라져 버릴 것입니다. 그리고 그 사라진 방향은 동서남북·상하 그 어느 방향도 아닌 제4의 방향으로 사라져 갔을 것입니다. 어쩌면 지금 기적처럼 일어나는 일이 이런 4차원의 물체들이 우리 3차원의 공간을 지나가기 때문에 일어나는지도 모를 일입니다.

4차원 항아리, 클라인병

입체 중에서 축구공이나 상자 등과 같이 닫혀 있는 입체는 내부와 외부라는, 확연히 구분되는 두 부분의 공간이 존재합니다. 만약 외부에서 내부로 들어가려면 외부와 내부를 구분하는 경계인 면이나 모서리를 뚫고 지나가야 합니다.

한편 물컵과 같이 닫혀 있지 않더라도 내부와 외부가 존재하며 이 경우에는 외부와 내부 사이에 경계선가장자리 선이 있어요. 따라서 외부에서 내부로 들어가려면 이 경계선을 지나면 되는 거지요.

그런데 내부와 외부가 전혀 구분되지 않고 단 하나의 면으로만 이루어져 있는 신비스러운 입체도형이 있어요.

> 첫째, 경계선이 없다!
> 둘째, 면이 하나로 연결되어 있어 내부와 외부의 구분이 없다!

자, 여러분 이 두 가지 조건을 만족하는 도형을 종이 위에 한 번 그려 보도록 하세요. 결코 쉽지 않다는 것을 알 수 있을 거예요. 앞의 두 가지 특징을 만족하는 도형을 '클라인병'이라고 하는데 모양은 다음과 같습니다. 클라인병이라는 이름은 이것을 고안한 독일의 수학자 클라인Felix Christian Klein, 1849~1925의 이름을 따서 만든 것이에요.

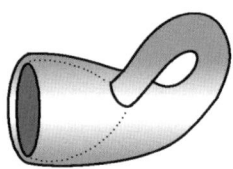

겉으로 보기에는 분명히 닫힌 병 같으면서도 그림과 같이 내외부가 한 공간으로 연결되어 있어 입구와 출구가 하나인 입체 모양을 하고 있어요. 만약 한 탐험가가 클라인병 구조로 되어 있는 동굴에 들어가게 되면, 이 탐험자는 실컷 동굴 내부를 모두 탐험하고 나가려는 순간 자기가 처음에 들어간 입구에 도착해 있다는 것을 발견하게 될 것입니다.

바깥 면과 안쪽 면이 구분되지 않는 한 면밖에 없는 이 클라인병을 3차원 공간에서 만들려면 병의 옆구리에 구멍을 뚫어야 합니다. 그렇게 되면 옆구리에는 경계선이 생기게 되어 결국 클라인병은 3차원 공간에서의 일반적인 입체도형이 되고 맙니다.

그 때문에 3차원 공간에서는 앞의 두 가지 조건을 만족시키는 도형을 만들 수 없어요. 하지만 수학적 4차원 공간에서는 굳이 옆구리를 오려 구멍을 뚫지 않아도 완벽하게 만들어 낼 수 있습니다. 이것은 곧 클라인병은 4차원 공간에 있어야 자연스러운 도형이라는 말과 같아요.

그렇다고 그냥 포기할 우리가 아니죠? 3차원 공간에서 완벽하게 표현할 수 있는 도형은 아니지만 대략적이나마 그 모양이 어떨지 만들어 보기로 합시다. 우선 클라인병을 만들기 전에 다음과 같은 두 가지 상황을 생각해 봅시다.

① 두 장의 직사각형 모양의 종이를 준비한다.

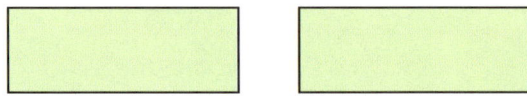

② 두 장의 종이 각각 위아래 변에 같은 방향의 화살표를 표시한다.

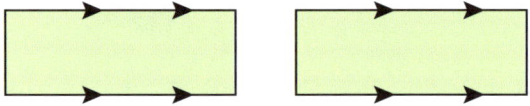

③ 첫 번째 직사각형 종이에는 좌우의 마주 보는 변에 서로 같은 방향의 화살표를 표시하고, 두 번째 직사각형 종이에는 좌우의 마주 보는 변에 방향이 서로 반대가 되도록 화살표를 표시한다.

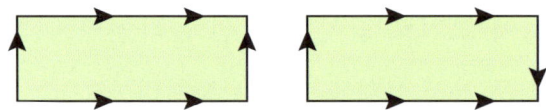

④ ③의 두 장의 직사각형의 종이를 각각 윗변과 아랫변의 화살표가 겹치도록 종이를 말아 붙인다.

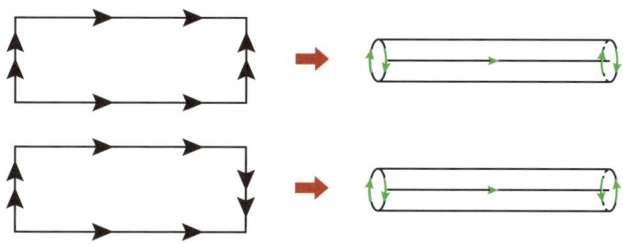

그러면 그림과 같은 종이 원통이 만들어질 것입니다. 이때 만들어진 종이 원통의 좌우 가장자리를 자세히 살펴보면 첫 번째 직사각형 종이로 만든 종이 원통의 경우는 화살표 방향이 같지만, 두 번째 직사각형 종이로 만든 종이 원통은 화살표 방향이 반대임을 확인할 수 있어요.

그 때문에 이 2개의 종이 원통의 좌우 가장자리를 서로 이어 붙여 다음 페이지에 있는 그림과 같은 도넛 모양의 도형을 만들면 좌우 가장자리가 서로 만나는 곳의 화살표 방향이 하나는 일치하지만 다른 하나는 그렇지 않게 됩니다.

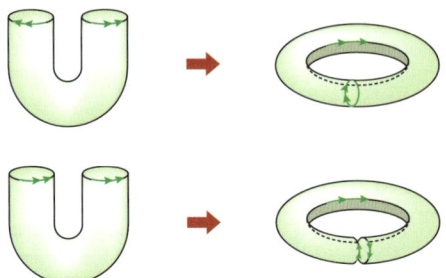

여기서 이 종이 원통의 좌우 가장자리를 화살표 방향이 서로 같도록 이어 붙이려면 어떻게 해야 할까요? 가장 쉬운 방법은 종이 원통의 옆구리에 구멍을 뚫어서 종이 원통의 한쪽 끝을 끼워 넣어 두 가장자리가 서로 만나도록 붙이면 됩니다.

하지만 4차원 공간에서는 옆구리에 구멍을 뚫는 수고를 하지 않아도 어렵지 않게 만들 수 있어요. 오른쪽 그림과 같이 4차원 공간을 이루고 있는 제2의 3차원 공간에서 구멍을 뚫어야 하는 옆구리 부분을 들어 올리면, 종이 원통이 있는 3차원 공간에서는 종이 원통의 옆구리 일부가 사라져 구멍이 난 것처럼 보일 것입니다. 하지만 그 부분은 가위로 오려 낸 부분이 아닙니다. 사라진 부분은 여전히 종이 원통과 연결되어 있으며 단지 제2의 3차원 공간에 들어 올려져 있어 눈에 보이지 않을 뿐이지요. 이제 그 구멍에 종이 원통의 한쪽 끝을 집어넣으면 클라인병이 완성됩니다.

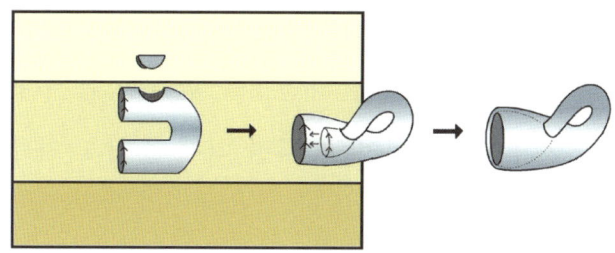

4차원 공간에서 클라인병 만들기

이 클라인병은 모든 면이 연결되어 있어 열려 있다고 할 수 있어요. 그 때문에 이 항아리에 물을 채우면 물이 다시 흘러나가게 됩니다. 실제로 한번 실험해 볼까요?

여기 말랑말랑한 고무관과 투명 테이프, 가위가 있습니다. 앞의 방법에 따라 이것들로 클라인병을 만들어 봅시다. 그리고 물을 부어 물이 채워지는지, 아니면 다시 흘러 나가게 되는지 확인해 봅시다.

비록 여러분이 만든 클라인병이 탄력 있고 매끄럽게 만들어지지는 않았지만 병에 물을 부으면 물이 다시 흘러나가는 것을 확인할 수 있을 거예요.

3차원 세계에서 클라인병과 유사한 것이 하나 더 있어요. 이것은 만드는 방법은 클라인병보다 훨씬 간단해요. 직접 만들어 보면서 클라인병과 어떤 공통점이 있는지 확인해 보기로 해요.

[그림 1]의 직사각형 띠를 꼬지 않고 점 A와 D, 점 B와 C가 만나도록 변 AB와 변 DC를 붙여 고리를 만들면 [그림 2]와 같은 원통형 띠가 됩니다.

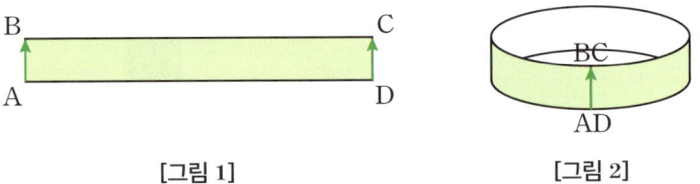

[그림 1]   [그림 2]

보통 이와 같은 원통형 띠는 바깥 면과 안쪽 면의 양면이 있고 위아래에 면의 가장자리가 있는 3차원 도형이에요.

이번에는 [그림 3]의 직사각형 띠를 180° 꼬아서 점 A와 C, 점 B와 D가 만나도록 변 AB와 변 CD를 붙이면 [그림 4]와 같은 모양의 띠가 만들어집니다.

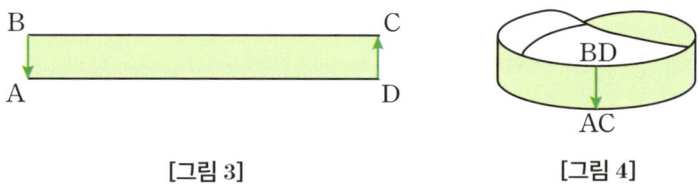

[그림 3]   [그림 4]

하지만 [그림 4]와 같이 한 번 꼬아 만든 띠에서는 [그림 2]의 원통형 띠에서 발견할 수 있는 사실이 모두 거짓이 됩니다. 일반적으로 3차원 공간에서 띠는 반드시 바깥 면과 안쪽 면의 양면, 2개의 가장자리가 있어야 할 것 같지만, 이 띠의 경우에는 바깥 면과 안쪽 면이 구분되지 않는 단 하나의 면만이 있으며, 면의 가장자리 또한 보이기에는 위아래의 2개가 있어 보이지만 실제로 선을 따라가 보면 서로 연결되어 있어 오직 1개뿐임을 확인할 수 있습니다. 이것을 '뫼비우스 띠'라고 부릅니다.

보통 직사각형과 같이 하나의 면으로 이루어진 도형은 3차원 공간에 놓여 있다고 하더라도 2차원 도형이지만, 한 번 꼬아서 만들어진 뫼비우스 띠는 직사각형과 마찬가지로 하나의 면으로만 이루어져 있음에도 불구하고 3차원 도형에 속합니다. 이 띠의 경우 면 위의 한 지점에서 자전거를 타고 출발하면 도중에 띠의 가장자리를 건너뛰지 않고도 출발 지점으로 다시 돌아오게 됩니다. 이것은 곧 양면을 모두 돌았다는 것을 의미합니다.

어때요. 클라인병과 뫼비우스 띠의 공통점을 발견했나요?

그것은 바로 면이 하나로 연결되어 있다는 것이에요. 단지 다른 점은 클라인병은 가장자리가 없지만 뫼비우스 띠는 가장자리가 있다는 것이지요. 그런데 더욱 놀라운 것은 클라인병을 세로로 이등분하면 2개의 뫼비우스 띠가 만들어진다는 것이에요. 이것도 간단히 확인해 볼까요? 자, 아까 고무관으로 만든 클라인병을 다음과 같이 세로로 잘라 봅시다.

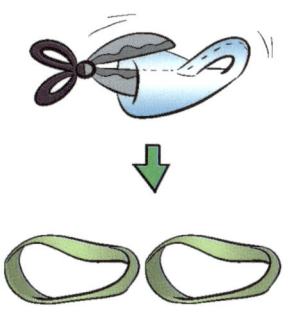

신기하죠! 거꾸로 생각하면 2개의 뫼비우스 띠의 경계를 붙이면 클라인병을 만들 수 있다는 말과 같음을 알 수 있어요. 짐작하고 있겠지만 뫼비우스 띠는 이 띠를 처음 발견한 독일의 수학자 뫼비우스August Ferdinand Möbius, 1790~1868의 이름을 따서 붙인 이름이에요. 1858년 파리의 과학 협회는 수학을 주제로 가장 우수한 논문에 상금을 걸었는데, 뫼비우스는 이 대회에 제시할 논문을 생각하던 중 1865년 1개의 면으로만 된 도형을 발견했어요. 뫼비우스 띠는 이후 전문가들은 물론, 일반인에게도 많은 관심의 대상이 되어 왔으며, 예술가에게 영감을 주는 원천으로 더욱 유명해졌어요. 이 뫼비우스 띠와 클라인병의 발견은 모든 것에 안과 밖의 구별이 있다는 고정 관념을 깨게 만드는 계기가 되기도 했어요.

수업정리

❶ 공간을 둘로 나누면?

한 차원을 둘로 나눌 때 그 단면은 반드시 본래 차원보다 한 차원이 낮은 공간이 됩니다.

	1차원 공간	2차원 공간	3차원 공간	4차원 공간
단면의 모습	점	선	면	3차원 공간

❷ 정사각형, 정육면체, 하이퍼큐브의 비교

 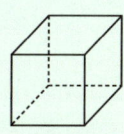 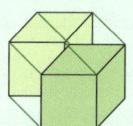

정사각형   정육면체   하이퍼큐브

	정사각형	정육면체	하이퍼큐브
점	4개	8개	16개
선분	4개	12개	32개
면	1개	6개	24개
입체도형	0개	1개	8개

❸ 4차원 항아리, 클라인병

(1) 면이 하나로 되어 있어 외부와 내부의 구분이 없는 도형을 말합니다.

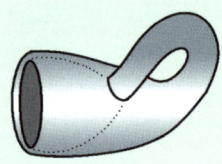

(2) 모든 면이 연결되어 있어 이 항아리에 물을 채우면 물이 다시 흘러 나가게 됩니다.

(3) 클라인병을 세로로 이등분하면 2개의 뫼비우스의 띠가 만들어집니다.

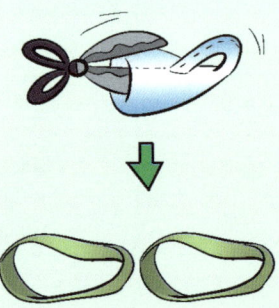

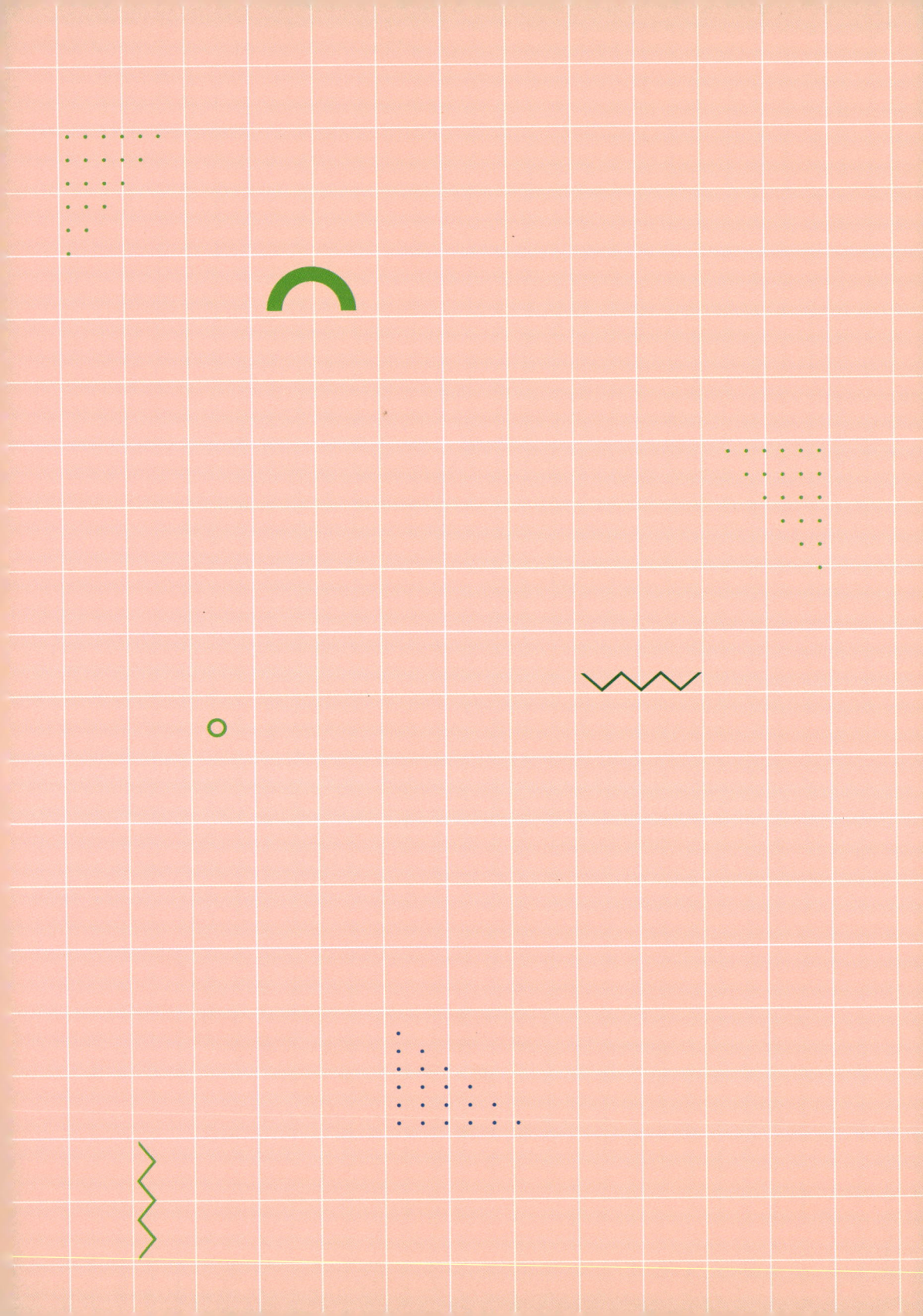

4교시

1.58차원?
소수차원이라니!

여러 가지 도형을 통해 차원을 학습해 봅시다.

수업 목표

1. 하우스도르프 차원에 대해 알아봅니다.
2. 여러 가지 프랙털 도형이 나타내는 차원에 대해 알아봅니다.

미리 알면 좋아요

브누아 망델브로 benoit mandelbrot, 1924~2010

망델브로는 1924년 폴란드 바르샤바에서 태어났으며 제2차 세계 대전을 겪으며 피난을 다니느라 학교 교육을 제대로 받지 못했다고 합니다. 알파벳에 관심이 없고 구구단도 5단 이상은 외우지 못했지만 기하학적 직관력만은 천재적이어서 수학 시험을 볼 때는 이 기하학적 직감에 의존하여 해답에 접근하곤 했습니다.

그는 자연의 경향성을 밝히려는 생각이 강했는데, 이러한 통찰력으로 영국 해안선의 길이를 잴 때 자의 종류잴 수 있는 최소 단위가 얼마냐에 따라 해안선의 길이가 다르게 나온다는 결론을 내렸습니다. 그는 이러한 기하학적 통찰력을 이용해 '프랙털'이라는 용어는 물론, 통상적인 차원과는 다른 프랙털 차원이란 개념을 창시하기도 했습니다. 그 때문에 그를 프랙털 기하학의 아버지라 부르기도 합니다.

아인슈타인의 네 번째 수업

프랙털이란?

여러분, 여기 이분은 망델브로 선생님입니다. 〈NEW 수학자가 들려주는 수학 이야기〉 81권 《망델브로가 들려주는 프랙털 이야기》라는 책을 통해 이미 만나 본 친구들도 있을 겁니다.

망델브로

망델브로 선생님은 '프랙털fractal 기하학'이라는 새로운 수학 분야를 개척한 분으로 이번 시간에는 프랙털과 관련하여 차원에 대해 수업할 것입니다.

안녕하세요. 나는 망델브로예요. 여러분이 수학 시간에 다루는 기하학적 도형은 삼각형, 사각형, 원, 육면체, 원기둥, 구 등이죠? 이들 도형은 형태가 단순하여 그 길이나 넓이, 부피 등을 쉽게 계산할 수 있습니다. 그렇기 때문에 우리가 수업 시간에 그것들을 주로 다루게 된 것입니다. 우리가 사용하는 가구나 건물, 여러 물건 또한 같은 이유로 삼각형, 사각형, 육면체와 같은 모양으로 되어 있답니다.

하지만 우리 주변의 자연환경에서는 이 도형들을 쉽게 찾아볼 수 없어요. 자연은 수학에서 다루는 기하학적 도형만큼 단순하거나 질서 정연하지 않기 때문이죠. 가령, 우리가 산을 그릴 때 삼각형으로 그리는데 실제 산은 그렇지 않죠? 물론 원뿔 모양도 아니고요. 나무 역시 일정한 모양의 원기둥이 아니고, 번개도 직선으로 나아가지 않아요. 바다와 접한 해안선 역시 매끄러운 곡선이 아니에요. 따라서 자연을 자나 저울 등을 사용하여 그 길이나 무게 등을 정확히 구한다는 것은 매우 어려우며 상황에 따라 측정한 값의 차이가 매우 크게 나타납니다.

한 가지 예를 들어 봅시다. 대한민국의 서해나 남해는 해안선이 매우 구불구불합니다. 하지만 그 해안선도 어떤 길이를 가질 것입니다. 호기심 많은 어떤 사람이 대한민국 해안선의 길이를 구하려고 한다면 어떤 방법을 사용해야 할까요?

높은 상공에서 비행기를 타고 이 해안선에 가까이 접근한다고 생각해 봅시다. 해안선 가까이에 접근함에 따라 높은 상공에서 보이지 않던 항구와 규모가 작은 섬, 만이나 곶의 윤곽이 점차 선명해질 것입니다. 좀 더 가까이 접근하면 항구와 만, 곶의 들쭉날쭉한 해안선이 보다 자세히 보이겠죠? 비행기에서 내려 직접 걸으면서 해안선을 살펴보면 암석의 위치와 크기, 모래사장의 많은 모래알까지도 보게 될 것입니다. 만약 이런 해안선을 단위가 1m인 자와 1cm인 자로 그 길이를 잰다면 각각 얼마나 될까요? 두 값이 서로 같을까요?

실제로 해안선의 일부, 매우 짧은 거리를 단위가 다른 자로 그 길이를 측정해 보면, 사용한 자의 단위길이가 작을수록 그 길이가 더 길게 나타난답니다. 더욱 놀라운 것은 자의 단위길이를 점점 더 작게 하면서 측정을 계속하면 똑같은 해안선의 길이를 잰다고 하더라도 그 길이는 점점 더 증가한다는 사실입니다. 그 이유가 뭘까요?

내가 여러분과 함께 이런 수업을 하게 된 것은, 바로 나 망델브로가 이런 사실에 매우 관심이 많았기 때문이에요. 나는 세계

에서 가장 구불구불한 해안선 중 하나인 영국의 해안선 길이를 알아보았어요. 오랜 연구 끝에 나는 영국 해안선의 길이가 서로 다른 이유는 측정의 부정확성 때문이 아니라 해안선의 기하학적인 구조 때문이라는 사실을 밝혀낼 수 있었습니다. 그래서 이런 내용으로 논문을 작성하여 1967년 과학 학술지 《사이언스》에 〈영국 해안선의 총 길이는 얼마인가?〉라는 논문을 기고했답니다. 그리고 이 논문을 바탕으로 프랙털 기하학을 개척하기 시작했어요.

잠시 프랙털에 대해 알아볼까요?

프랙털이란 작은 구조가 전체 구조와 비슷한 형태로 끝없이 되풀이되는 구조를 말해요. 즉, 부분과 전체가 똑같은 모양을 하고 있다는 '자기 유사성self-similar'과 끝없이 되풀이된다는 '순환성recursiveness'이라는 속성을 기하학적으로 정리한 것으로 프랙털은 단순한 구조가 끊임없이 반복되면서 신비롭고 복잡한 전체 구조를 만드는 것이죠. 라틴어로 '부서지다'라는 뜻의 동사 '프란게리frangere'에서 파생한 형용사 '프락투스fractus'로부터 '프랙털fractal'이라는 단어를 만들었어요. fractus라는 단어처럼 어떠한 물질을 부숴도 전체의 모습을 유지하고 있다는 의미로 만들었습니다.

이런 프랙털 기하학은 유클리드 기하학이 설명하지 못했던 많은 자연의 모습이나 수학적 도형을 설명해 줍니다. 대부분 자연현상은 사실 '유클리드 기하학'적이지 않고 '프랙털'적입니다. 허파에서 동맥이 갈라져서 실핏줄을 이루는 구조 역시 프랙털 구조의 한 예입니다. 허파로 들어오는 하나의 동맥은 계속 갈라져서 공기와 실핏줄의 접촉면을 최대로 하여 가장 효율적으로 산소 교환이 일어날 수 있도록 하는 허파 꽈리를 형성하게 됩니다. 고사리와 같은 양치류 식물, 아름다운 눈송이의 구조, 상류에서 하류로 내려갈수록 여러 갈래로 갈라지는 하천의 흐름, 산맥의 지형, 해안선의 모습 등 주변의 많은 것에서 프랙털 구조를 쉽게 발견할 수 있어요.

프랙털 차원은 소수차원

여기서 잠깐! 구불구불한 모양으로 면을 가득 채운 곡선이나 꼬깃꼬깃하게 구겨서 공처럼 뭉쳐 만든 종이와 같이 불규칙한 모양을 나타내는 프랙털 구조를 가진 도형은 몇 차원일까요?

"선생님, 그건 프랙털이 면을 채운다고 해도 선을 이어서 만든 것이면 1차원이고, 공과 같은 입체 모양을 하고 있어도 종이를 구겨서 만든 것이면 2차원이 아닐까요?"

하하하, 여러분이 지금까지 알고 있는 차원은 모두 0, 1, 2, 3, 4차원과 같은 정수차원이지요! 그런데 꼭 정수차원만 있을까요? 혹시 1.3차원과 같은 소수차원은 없을까요? 앞에서 차원에 대해 수학적으로 정의해 보았는데, 수학에서 차원을 정의하는 방법은 한 가지만 있는 것이 아니에요. 다음과 같은 방법으로도 차원을 정의할 수 있답니다.

먼저 어떤 정사각형의 한 변의 길이를 2배로 확대하면 아래 그림에서 처음 정사각형에 비해 전체 선분의 길이는 $2(=2^1)$배, 넓이는 $4(=2^2)$배가 됩니다.

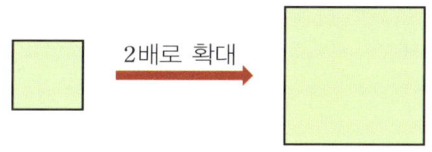

또 정육면체의 한 모서리의 길이를 2배로 확대하면 마찬가지로 처음 정육면체에 비해 전체 선분의 길이는 $2(=2^1)$배가 되고, 겉넓이는 $4(=2^2)$배가 됩니다. 또 부피는 처음 정육면체 부피의 $8(=2^3)$배가 되지요.

이때 $2(=2^1)$배, $4(=2^2)$배, $8(=2^3)$에서의 지수 1과 2, 3은 바로 선이 나타내는 차수 1, 면이 나타내는 차수 2, 입체가 나타내는 차수 3과 일치한다는 것을 알 수 있어요.

이와 같은 사실을 이용하여 독일 수학자인 펠릭스 하우스도르프Felix Housdorff, 1868~1942는 차원에 대하여 다음과 같이 새로운 정의를 내렸어요.

하우스도르프 차원

도형을 x배로 확대하여 나타난 양이 x^n배가 될 때, 이 도형을 n차원이라고 한다.

하우스도르프 차원의 정의에 따르면 일반적인 직선과 곡선, 그리고 평면도형은 여전히 각각 1차원, 2차원 도형임을 알 수 있습니다. 하지만 독특한 구조를 갖는 프랙털 도형은 이와 같이 정수차원으로 설명할 수 없어요.

보다 자세히 알아보기 위해 매우 간단한 프랙털 도형 중 하나인 '시에르핀스키 삼각형'을 직접 그려 알아보기로 해요. 시에르핀스키 삼각형은 완전한 모양의 삼각형을 다음 페이지의 그림과 같이 4등분 하여 가운데 부분을 오려 내는 것으로부터 시작합니다. 그런 다음 나머지 3개의 작은 삼각형을 다시 4등분 하여 가운데 부분을 각각 오려 내는 것과 같은 작업을 반복하여 만든 것을 바로 시에르핀스키 삼각형이라고 합니다.

이 시에르핀스키 삼각형은 폴란드의 수학자 바츠와프 시에르핀스키Wacław Sierpiński, 1882~1969가 만든 것으로 자동차의 개스킷처럼 구멍이 숭숭 뚫려 있다고 해서 이런 이름을 붙였다고 합니다. 시에르핀스키 삼각형은 정삼각형의 가운데 부분만을 뺀 나머지 부분을 말해요. 이 넓이의 계산은 큰 정삼각형의 내부에 무한개의 크고 작은 여러 삼각형이 빠져 있어서 쉽게 계산할 수 없어요.

처음 구멍이 없는 정삼각형의 넓이를 1이라 할 때, 1단계에서는 넓이가 $\frac{1}{4}$인 삼각형이 3개로 그 넓이는 $\frac{3}{4}=0.75$가 됩니다. 다음 단계에서의 넓이는 바로 전 단계의 넓이의 $\frac{3}{4}$으로 $\frac{3}{4} \times \frac{3}{4} = \frac{9}{16} = 0.5625$예요.

각 단계마다 넓이는 $\frac{3}{4}$씩 줄어들어 5단계에서는 약 0.24, 20단계에서는 약 0.003이 됩니다. 이쯤 되면 이미 전체의 99.7%가 사라지고, 거의 검은색의 삼각형을 찾아볼 수 없는, 단지 선만

이 얽혀 있는 도형이 되고 맙니다. 이런 단계가 무한히 반복되면 결국 시에르핀스키 삼각형의 넓이는 0이 되고 말 것입니다.

그렇다면 시에르핀스키 삼각형은 몇 차원일까요? 분명히 2차원의 삼각형의 일부분을 일정한 규칙에 따라 한없이 오려내어 만든 것이기 때문에 당연히 2차원이라고 생각할 것입니다. 실제로 2차원일지 확인하기 위해 다음의 시에르핀스키 삼각형의 일부분을 2배로 확대해 보기로 합시다.

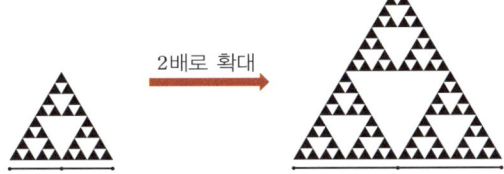

이때 시에르핀스키 삼각형의 넓이는 얼마가 되었을까요? 그런데 2배로 확대된 시에르핀스키 삼각형의 넓이를 구하는 것은 의미가 없어요. 그것은 시에르핀스키 삼각형의 넓이가 확대하기 전이나 확대한 후에도 여전히 0이기 때문이에요.

그래서 여기서는 시에르핀스키 삼각형의 넓이를 확대하기 전의 시에르핀스키 삼각형의 일부 단위도형가 확대된 시에르핀스키 삼각형 속에 몇 개나 들어 있는지 셈하여 알아보기로 해요. 따라서 앞과 같이 2배로 확대하면 넓이는 3배가 됩니다.

이때, $2^{1.58} ≒ 3$이므로 시에르핀스키 삼각형의 차원은 1.58차원이 됩니다.

$2^{1.58} ≒ 3$ 시에르핀스키 삼각형 ➡ 1.58차원

또 다른 대표적인 프랙털 도형인 코크 곡선에 대해서도 알아볼까요?

코크 곡선은 삼각형의 한 변에 대해서 그 변을 삼등분하여 가운데 부분을 없앤 뒤, 없앤 부분만큼의 길이를 한 변으로 하는 정삼각형의 두 변을 덧붙여 만들기 시작합니다.

이와 같은 방법으로 반복하여 만들어진 도형이 코크 곡선입니다. 이때 이 과정을 무한히 반복하면 곡선의 길이는 무한히 길어지는 반면, 내부는 무한히 넓어지면서도 넓이는 유한합니다.

다음 그림을 보세요.

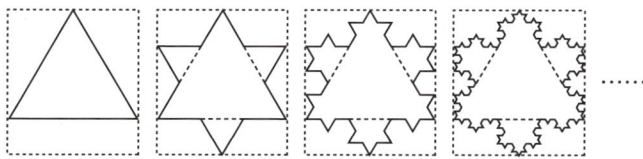

이 코크 곡선은 몇 차원일까요? 1차원의 직선을 한없이 일정한 규칙에 따라 꺾어서 만든 것이기 때문에 1차원이라고 생각할 수 있어요. 이를 확인하기 위해 마찬가지로 코크 곡선을 확대해 보기로 합시다. 그림과 같이 코크 곡선을 3배 확대해 보기로 해요.

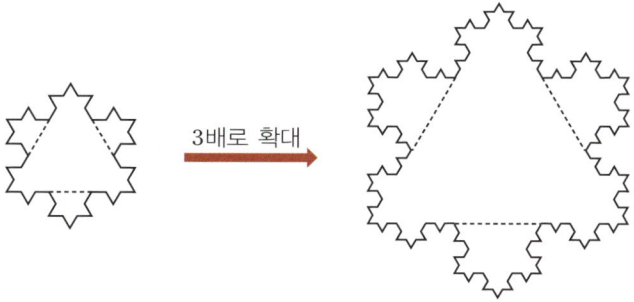

이때 시에르핀스키 삼각형과 마찬가지로 코크 곡선의 길이를 잰다는 것 역시 무의미합니다. 확대하기 전이나 확대된 후의 코크 곡선은 무한대의 길이를 가지고 있기 때문이에요.

따라서 확대하기 전의 코크 곡선의 일부_{단위도형}가 확대된 코크 곡선 속에 몇 개나 들어 있는지 셈하여 그것을 코크 곡선의 길이라 하기로 해요.

그림에서 보듯이 3배 확대된 코크 곡선에는 원래의 코크 곡선의 길이가 4배만큼 늘어나 있음을 알 수 있어요.

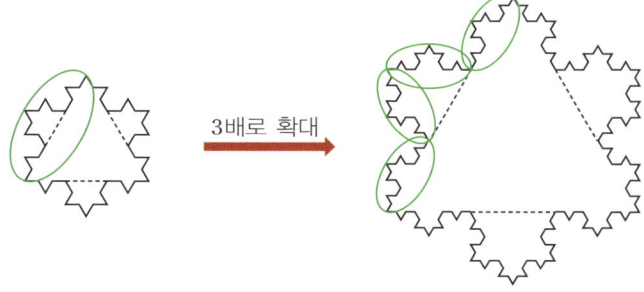

이때 $3^{1.26} ≒ 4$이므로 코크 곡선은 1.26차원을 나타냄을 알 수 있어요.

$$3^{1.26} ≒ 4 \quad 코크\ 곡선 \Rightarrow 1.26차원$$

한편 코크 곡선이 1차원이라면 3배로 확대할 경우 원래의 곡선의 길이가 3배만큼만 늘어나야 합니다. 그런데 여기서는 4배나 됩니다. 이것을 어떻게 해석해야 할까요? 실제로 코크 곡선은 1차원의 선분보다는 복잡하고, 2차원의 원이라고 할 수도 없습니다. 그것은 코크 곡선이 1차원의 도형도 아니고 2차원의 도형도 아님을 의미합니다. 때문에 코크 곡선의 차원은 1차원과 2차원 사이에 있다고 짐작할 수 있어요.

이번에는 3차원 도형인 정육면체를 이용하여 프랙털 도형을 만들어 보기로 합시다. 한 정육면체의 각 면을 두부 자르듯 9등분 하게 되면 27개의 작은 정육면체가 생깁니다. 이때 아래 그림과 같이 가장 중앙에 위치한 작은 정육면체와 각 면의 중앙에 있는 6개의 정육면체를 제거하는 과정을 무한히 반복하게 되면 프랙털 구조를 갖는 도형이 만들어집니다. 이 도형은 수학자 카를 멩거Karl Menger, 1902~1985가 고안한 것으로 '멩거 스펀지'라고 합니다.

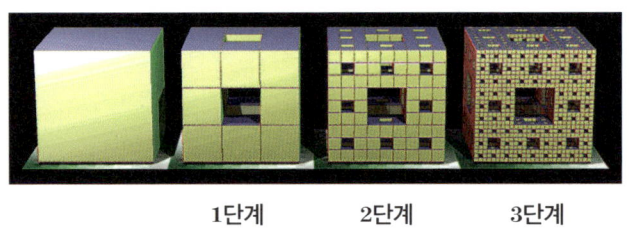

1단계   2단계   3단계
그림 출처 http://en.wikipedia.org/wiki/Menger_sponge

위의 1단계에서는 20개의 작은 정육면체가 남고, 2단계를 거치면 400개, 3단계에서는 8000개의 작은 정육면체가 남게 됩니다. 이렇게 끝없이 되풀이하면 작은 정육면체가 수없이 증가하게 되고 외부 및 내부를 구성하는 면의 넓이는 무한히 늘어나는 반면, 내부의 공간은 유한한 범위 내에서 계속 넓어집니다. 구멍이 숭숭 뚫려 있는 멩거 스펀지의 경우 그 크기를 3배로 확대하면 멩거 스펀지를 안팎으로 구성하고 있는 면의 넓이는 20배만큼 늘어납니다. 이때 $3^{2.7268} ≒ 20$이므로 멩거 스펀지가 나타내는 차원은 2.7268입니다.

$3^{2.7268} ≒ 20$　　　멩거 스펀지 ➡ 2.73차원

이 도형의 각 구멍을 감싸는 표면적의 총합은 유한하지만, 전체 부피는 사라지게 됩니다. 코크 곡선과 마찬가지로 이 스펀지 역시 극한으로만 있을 수 있어요. 이 도형의 차원은 2보다 3에 가깝기 때문에, 멩거 스폰지는 매끄러운 곡선도, 부드러운 면도 아니에요. 그렇다고 완벽한 3차원 입체라고 할 수도 없어요.

지금까지 설명한 대로 프랙털 차원은 소수 개념의 차원으로 설명할 수 있어요. 면을 채우는 프랙털 곡선의 경우 얼마나 많이 구부러져 있는가에 따라 1차원과 2차원 사이의 소수차원으로 나타낼 수 있어요. 이때 프랙털 곡선이 직선과 유사할수록

그 차원은 1에 가까워지고, 굴곡이 심하게 갈지之자로 움직이면서 거의 면 전체를 가득 채워 가는 모양의 곡선의 경우에는, 2에 가까운 프랙털 차원을 갖게 되는 거죠. 또 굴곡이 진 정도가 심하고 복잡할수록 프랙털 차원은 높아지지만 그 프랙털 도형이 속해 있는 도형의 정수차원보다는 결코 크지 않아요. 이를테면 코크 곡선의 차원 1.26과 시에르핀스키 삼각형의 차원인 1.58은 완전한 모양의 원과 삼각형이 갖는 차원인 2를 넘지 않고, 멩거 스펀지의 차원인 2.73도 정육면체가 갖는 차원인 3을 넘지 않아요. 이것으로 보아 소수차원은 도형의 거친 정도, 불규칙의 정도, 공간을 채우는 정도를 포괄적으로 나타낸 차원이라 볼 수 있어요.

오늘 이 망델브로 선생님의 수업이 많은 도움이 되었나요? 이제 여러분과 헤어질 시간이 온 것 같아요. 내가 연구한 내용을 여러분과 함께 공유할 수 있어 기뻤고, 매우 유익한 시간이 되었어요. 여러분도 열심히 공부해서 나중에 많은 사람과 함께 나눌 수 있는 기쁨을 누리길 바랍니다.

수업정리

하우스도르프 차원

(1) 도형을 x배로 확대하여 나타난 양이 x^n배가 될 때 이것을 n차원 도형이라 합니다.

(2) 이 정의에 의하면 일반적인 직선, 곡선 그리고 평면도형, 입체도형은 각각 1차원, 2차원, 3차원 도형입니다.

직선, 곡선 : 1차원, 평면도형 : 2차원, 입체도형 : 3차원

(3) 프랙털 도형은 소수차원을 갖습니다.

시에르핀스키 삼각형 : 1.58차원

코크 곡선 : 1.26차원

멩거 스펀지 : 2.73차원

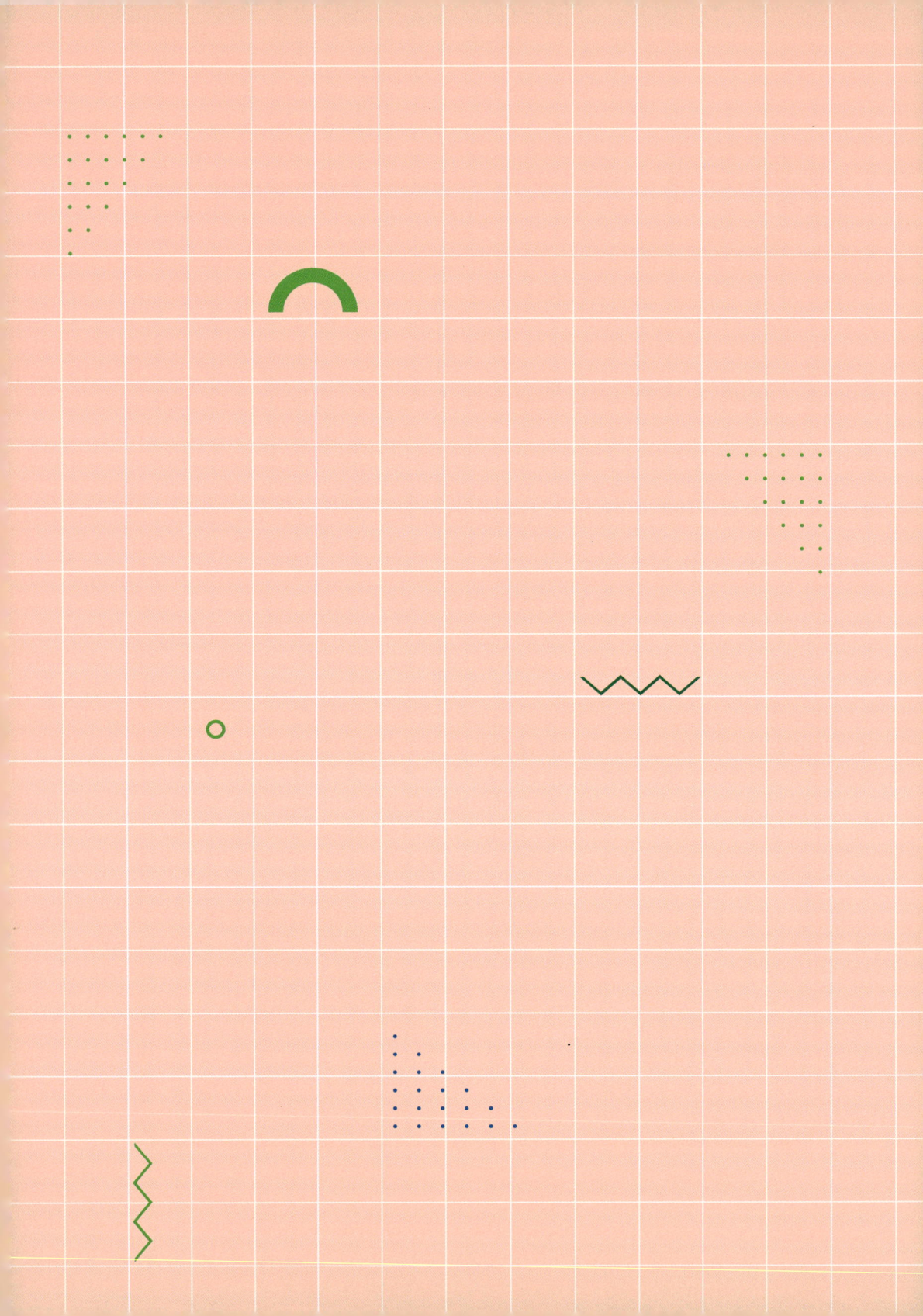

5교시

우리 우주가 11차원이래! 정말?

차원에 대해 좀 더 고차원적인 문제들을 알아봅시다.

수업 목표

1. 우주의 차원에 대한 몇 가지 이론에 대해 알아봅니다.
2. 브레인 등 차원에 대한 다양한 개념을 공부합니다.

미리 알면 좋아요

1. **뉴턴 역학** 질량을 가진 물체의 운동을 기술하는 물리 이론을 말합니다.

2. **특수 상대성 이론과 일반 상대성 이론**
(1) 특수 상대성 이론 : 아무것도 없는 텅 빈 공간(진공 상태)에서 등속 운동을 할 때 적용되는 물리 법칙에 관한 이론을 말합니다. 그러나 이것은 실제 세계와는 너무 거리가 멀어 실제 세계에 적용할 수 있는 일반 상대성 이론이 필요했습니다.
(2) 일반 상대성 이론 : 실제 세계에 대한 상대성 이론으로 중력의 정체가 질량을 가진 물질이 만드는 '시공의 휘어짐'이라는 것을 밝힌 물리 이론입니다.

3. **양자 역학** 원자나 전자의 움직임 등 눈에 보이지 않는 미시 세계의 현상을 지배하는 법칙을 말합니다. 여기서 말하는 미시 세계란 대략 원자나 분자의 크기, 즉 $\frac{1}{10000000}$mm 이하의 세계입니다. 양자 역학은 현대의 과학 기술이나 공학의 토대를 이루고 있습니다. 양자 역학이 없었다면 컴퓨터나 휴대전화도 생기지 않았을 것입니다.

아인슈타인의 다섯 번째 수업

시간 여행

시간 여행, 하면 타임머신이 가장 먼저 떠오릅니다. 누구나 한 번쯤 이 타임머신을 타고 과거로 혹은 미래로 여행하는 환상적인 상상을 해 봤을 거예요. 여러분에게 타임머신을 딱 한 번만 탈 수 있는 기회가 주어지면 어느 시대로 가서 무엇을 가장 하고 싶은가요?

"공룡이 살았던 시대로 가서 아기 공룡과 함께 놀며 공룡 등에도 올라타 보고 싶어요!"

"방학하는 날로 가고 싶어요. 빨리 놀고 싶어요."

"자유롭게 우주여행을 할 수 있는 미래로 가서 먼 은하계로 여행을 가고 싶어요!"

"친구와 다퉜는데, 다투기 전으로 돌아가고 싶어요."

어떤 소원이든 말만 하면 소원을 이뤄 줄 것 같은 듬직한 램프 요정 지니처럼, 어느 때로든지 원하는 시간대로 시간 여행을 가능하게 하는 타임머신! 상상만 해도 판타스틱하고 즐겁지요? 아마도 시험을 앞두고 공부를 충분히 하지 않은 친구들이라면 방학을 하는 날로 돌아가거나 빨리 어른이 되어 더 이상 시험을 보고 싶지 않은 즐거운 상상을 하거나, 수술을 앞둔 환자들은 건강했던 시절로 돌아가고 싶어 할 거예요.

공상 과학적 시간 여행 기계인 '타임머신'이라는 단어는 1895년 발표된 허버트 조지 웰스Herbert George Wells, 1866~1946의 첫 번째 소설《타임머신》에서 처음 사용되었어요.

소설에 등장한 타임머신은 광속보다도 빠른 회전 운동을 일으켜 4차원 공간인 시간 축 방향으로 밀려 미래로 이동하게 됩니다. 주인공은 먼저 80만 년이 흐른 미래로 날아가 퇴화한 인류의 모습을 보고, 그다음엔 3000만 년이 흐른 미래로 이동하여 인류가 멸망하고 갑각류와 같은 생물이 살고 있는 세계를 보고 돌아옵니다. 이 작품은 처음에는 자연 과학적 상식과 상상력을 결합하여 과거와 미래를 여행한 시간 여행자가 보고 형식으로 쓴 것이었지만, 1960년대 조지 펄 감독의 오리지널 《타임머신》, 이후 사이먼 웰스 감독의 2002년판 《타임머신》으로 새롭게 탄생했어요. 흥미롭게도 사이먼 웰스는 원작 소설의 작가의 증손주이기도 합니다.

그런데 정말로 시간 여행이 가능할까요? 꼭 과학자가 아니더라도 누구나 한 번쯤은 이런 의문을 가져 본 적이 있을 거예요. 보통 사람들은 시간에 대해 어떤 것에도 영향을 받지 않고 언제나 일정한 속도로 미래를 향해 직선적으로 흘러간다고 생각해 왔어요. 이런 시간관을 과학자적 상식으로 확고히 한 사람이 있어요. 바로 영국의 과학자 아이작 뉴턴이에요. 그는 자신의 책 《프린키피아》에서 '어떤 것에도 영향을 받지 않고 언제 어디서나 일정한 속도로 흐르는 시간', 즉 '절대 시간'에 대해 이야기했는데, 이것은 시계가 우주의 어디에 있든지 모두 같은 속도로 시간을 잴 수 있다는 것을 의미합니다. 뉴턴은 절대 시간과 함께 언제나 정지해 있으면서 물질의 존재와는 관계없이 존재하며 어느 방향으로도 똑같이 퍼져 있는 '절대 공간'에 대해서도 생각해 냈어요. 그런데 나는 이런 시간관을 인정할 수가 없었어요. 그리하여 특수 상대성 이론에서 시간의 진행 방향은 관측자에 따라 다르다고 제안하고 절대 시간관을 부정하기 시작했어요. 이해하기가 어렵죠?

예를 들어 설명해 줄게요. 지구에 있는 여러분이 광속에 가까운 속도로 날아가는 우주선을 보고 있다고 생각해 봅시다. 이때 나의 특수 상대성 이론에 따르면 지구에서 볼 때 우주선에 있는 시계의 흐름은 느려지게 됩니다. 즉, 우주선에 타고 있는 사람의 움직임이 슬로 모션을 보는 것처럼 매우 느려지게 됩니다. 우주선이 광속에 더욱 가까워질수록 우주선 안의 시간의 흐름은 느려지고 마침내 거의 정지해 버릴 것입니다. 더욱이 계산상으로는 광속 이상의 속도로 날아가게 되면 시간을 역행해서 과거로의 시간 여행까지 가능해집니다. 하지만 내 특수 상대성 이론에서는 어떤 물질이 광속 이상으로 날아가는 것을 인정하지 않고 있어요. 그 결과, 과거로의 시간 여행은 그저 상상으로만 남게 되었다고 할 수 있지요.

  하지만 우주선의 속도가 느릴 때는 시간 흐름의 차이를 거의 느끼지 못합니다. 때문에 광속으로 날아가는 우주선을 보는 것이 하늘의 별 따기 만큼이나 어려운 과거의 사람과 하물며 현대인마저도 뉴턴의 절대 시간관에서 벗어나기가 어렵다는 것은 충분히 짐작이 되고도 남습니다.

보통 시간 여행은 시간차원과 관련지어 이야기되곤 합니다. 시간차원이 언급되기 시작한 것은 20세기 초 바로 나에 의해서예요. 내가 상대성 이론에서 시간과 공간이 독립된 것이 아니라 관측자의 운동 상태에 맞추어 변화한다는 생각을 바탕으로 하여 3차원의 공간과 1차원의 시간차원을 합쳐 '4차원 시공간'이라는 개념을 등장시켰어요. 그래서 사람들은 내가 시간과 공간의 개념에 대혁명을 일으켰다고 보기도 하더군요.

여분차원

20세기 이전에는 공간은 3차원까지밖에 없다고 생각했어요. 그런데 이런 생각을 과감히 깨뜨린 과학자가 나타났어요. 나와 동시대에 살았던 독일의 수리 물리학자 테오도어 칼루차Theodor Kaluza, 1885~1954와 스웨덴의 물리학자 오스카르 클레인Oskar Klein, 1894~1977이에요. 그들은 획기적으로 4차원 시공에 하나의 차원을 더 추가하여 제5의 차원이 있다고 생각했습니다. 이 제5의 차원처럼 3차원 공간과 시간차원 이외에 부가적으로 존재하는 공간의 차원을 여분차원extra dimension, 잉여차원이라고 합니다.

칼루차와 클레인에 의한 여분차원의 아이디어는 현대 이론 물리학계의 중요 이론인 '초끈 이론'의 기초가 되었어요. 이것에 대해서는 잠시 뒤에 이야기하도록 하겠습니다. 1980년대에 등장한 초끈 이론에서는 이 우주를 시간차원을 포함하여 10차원으로 보는가 하면, '브레인 이론'에서는 우주를 11차원으로 보기도 합니다. 우리가 사는 3차원의 세계에 시간을 덧붙인 4차원 시공까지는 이해할 수 있지만, 10차원, 11차원이라는 세계는 좀처럼 상상하기가 어렵죠?

자연계의 네 가지 힘의 통일을 꾀하는 초끈 이론

그럼 지금부터는 초끈 이론과 이 이론이 등장하게 된 배경에 대해 이야기해 보기로 합시다.

초끈 이론을 포함한 현대 물리학은 2개의 커다란 주춧돌 위에 건축되어 있다고 볼 수 있어요. 그중 하나는 은하 등의 천문학적 스케일에 적용되는 나의 일반 상대성 이론이고, 다른 하나는 원자 이하의 초미세 영역에 적용되는 양자 역학이에요. 나는 일반 상대성 이론에서 중력에 관해 설명했어요. 내가 제시한 중력 모델에 따르면 행성이나 항성 같은 무거운 물체에 의해 시간과 공간의 장이 구부러지거나 휘어져 이곳으로 다른 물질이 당겨지게 됩니다. 이를테면 지구가 태양 주위를 도는 것은 태양이 중력으로 지구를 잡아당기는 것이 아닌 태양 때문에 생긴 공간의 굴곡을 그냥 따라 돌기 때문이라는 것이지요.

반면 양자론은 물질을 구성하는 가장 기본 입자인 소립자의 세계를 생각하는 이론이에요. 20세기 초까지 물리학자들은 원자가 더 이상 쪼개지지 않는 가장 기본적인 입자이며, 중력과 전자기력에 의하여 우주의 모든 현상이 지배되고 있다고 생각했어요. 하지만 1911년 러더퍼드Ernest Rutherford, 1871~1937가 원자 안에서 원자핵을 발견한 후 차츰 원자의 구조를 알게 되었어요.

원자보다 더 작은 입자 즉, 양성자+전하, 중성자전하 없음, 전자−전하라는 더 작은 입자가 발견된 것이죠. 오른쪽 그림에서 볼 수 있는 것같이, 가운데 있는 원자핵은 두 가지 다른 구형 입자로 이루어져 있는 것을 볼 수 있습니다. 그 주위를 전자들이 뱅뱅 돌고 있죠. 원자핵을 이루고 있는 구형 입자 중 +로 표시되어 있는 것은 양성자라 하고, 아무런 표시도 없는 것을 중성자라고 합니다.

곧이어 중성자와 양성자마저 더 작은 입자로 구성돼 있다는 사실이 밝혀졌어요. 바로 '쿼크'입니다. 물리학에서는 보다 작은 입자의 존재 여부를 살필 때는 날카로운 도구를 사용하는 것이 아닌, 입자 가속기 안에서 입자끼리 충돌시켜 그 반응을 보는 방법을 사용합니다. 이후 이 입자 가속기 내에서의 원자핵 충돌 실험에서 100여 종의 새로운 입자가 생겨나자 과학자들은 다시 물질을 구성하는 가장 기본적인 입자가 무엇인지 찾아 나섰어요. 그 결과, 1967년 물질을 구성하는 가장 기본적인 입자는 각각 6개로 이루어진 쿼크와 렙톤이라는 내용의 표준 모

형을 만들게 되었어요. 표준 모형은 물질을 구성하는 입자와 이들 사이의 상호 작용을 밝힌 현대 물리학 이론을 말합니다.

쿼크 역시 더 작은 입자로 이루어져 있을 수도 있어요. 하지만 현재의 인류의 기술로는 쿼크만 단독으로 채취해 내지 못하고 있어요. 따라서 쿼크들을 가속시켜 충돌시킬 수가 없기 때문에 쿼크 속에 무엇이 들어 있는지는 알 수가 없어요. 이 입자 사이에는 네 가지 힘이 작용하고 있어요. 이 힘은 바로 중력, 강한 핵력강력, 약한 핵력약력, 전자기력으로 각각 광양자photon, 글루온gluon, 위크 보손weak boson, 중력자라는 입자를 주고받음으로써 작용한다고 생각되고 있어요.

전자기력은 전기력과 자기력을 통일한 힘으로 광양자를 주고받아 작용하고, 강력은 글루온을 주고받아 쿼크끼리 결합시킵니다. 약력은 중성자를 양성자로 변신시키는 힘으로 위크 보손을 주고받음으로써 작용합니다. 중력은 질량을 가진 물질끼리 서로 끌어당기는 힘으로 중력자를 주고받음으로써 작용한다는 것이 현재 생각되고 있는 가장 표준적인 이론입니다. 하지만 중력자는 아직까지 입자 가속기로도 발견하지 못했어요.

중력이나 전자기력은 일상생활에서 쉽게 느낄 수 있어요. 달이 지구 주위를 돌고 있거나 나무에서 열매가 떨어지는 것도 모두 중력이 작용하기 때문이에요. 또 자석의 N극과 S극이 서로 잡아당기고 전극의 플러스와 마이너스가 서로 잡아당기는 현상은 모두 전자기력의 작용에 의한 것으로 생각되고 있어요. 하지만 강력과 약력은 일상생활에서 느낄 수 없어요. 그것들은 원자핵의 내부에서 원자핵 크기 정도의 매우 짧은 거리에서만 작용하기 때문이에요.

현재 양자론으로 완벽히 설명할 수 있는 것은 전자기력, 강력, 약력 세 가지예요. 이 3개를 하나로 묶은 이론이 '대통일 이론GUT, grand unification theory'인데요. 양자론에 중력을 적용하지 못하는 것은 소립자의 세계에서는 중력의 값이 무한대가 나오기 때문이에요. 따라서 상대성 이론과 양자론을 합치면 중력을 포함한 4개의 힘을 설명할 수 있는 '만물 이론모든 것의 이론, Theory of Everything'이 완성되는 거죠.

전기 ─┐
      ├─ 전자기력 ─┐
자기 ─┘   ├─ 전자기약력 ─┐
약력 ──────────────┘   ├─ 대통일장이론GUT ─┐
강력 ─────────────────────────────┘   ├─ 만물 이론ToE
중력 ───┘

이 만물 이론, 즉 궁극 이론의 강력한 후보로 꼽히는 것이 바로 초끈 이론이에요.

초끈 이론에 따르면 우주를 구성하고 있는 최소 단위가 부피와 크기가 없는 0차원의 점 입자가 아니라 끊임없이 진동하는 매우 가느다란 끈으로 이루어져 있다고 해요. 바이올린의 현이 진동에 의해 온갖 종류의 화음을 만들어 내는 것처럼, 끈 역시 진동 방식에 따라 물질도 다르게 나타난다고 합니다. 끈에는 '닫힌 끈'과 '열린 끈'이 있어요. 하지만 이 끈은 그 길이가 10^{-33}로 매우 작아 현재의 최첨단 장비로 관측하더라도 점 입자처럼 보일 뿐, 그 이상의 세부 구조를 알기는 불가능합니다.

열린 끈　　　　　　닫힌 끈

사실 이것은 점 입자를 끈 형태로 모양만 바꾸었을 뿐인데, 양자 역학과 상대론의 수학적 체계에서 일어나던 충돌을 무마시킬 수 있었어요. 점 입자와는 달리 끈이기 때문에 극히 짧긴

하지만 어쨌든 길이를 가지고 있어 중력을 대입해도 무한대를 벗어날 수 있어 두 이론을 (수학적으로) 통합할 수 있었던 것이죠. 따라서 초끈 이론이 완성되어 중력을 포함한 4개의 힘을 모두 설명할 수만 있다면 궁극의 이론이 탄생되고 우주의 탄생 등에 대해서도 훨씬 자세하게 알게 될 것입니다.

과학자들은 초끈 이론을 발전시키는 과정에서 우주는 4차원3차원의 공간+시간의 세계가 아니라 10차원9차원의 공간+시간의 시공간으로 구성된다는 결론을 내렸어요. 초끈 이론을 토대로 상대성 이론과 양자 역학의 통합 문제를 수학적으로 연구하다 보니 4차원 이외의 새로운 차원이 필요하게 됐기 때문이에요.

그렇다면 우리가 인식하는 시공간 4차원을 제외한 나머지 6차원은 어디 갔을까요?

'빅뱅'이라는 대폭발을 거치면서 3차원의 공간은 거시적 세계로 확장됐고, 나머지 6차원은 극소의 영역 속에 말려 들어가 숨어 있다고 해요. 그래서 사람들은 나머지 6차원을 인식하지 못한다는 것이죠.

하지만 왜 3차원의 공간만 확장되었는지에 대해서는 설명할 수 없어요.

프린스턴 고등 연구소의 에드워드 위튼Edward Witten, 1951~ 박사 팀은 수학적으로 6차원을 뭉쳐 넣을 수 있다는 획기적인 답을 찾아냈습니다.

그중 한 가지 '칼라비-야우 다양체Calabi-Yau manifold'는 특수한 공간에 6차원이 뭉쳐 넣어져 있는 곳이에요.

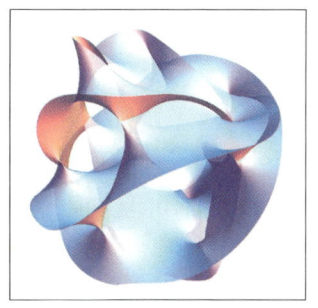 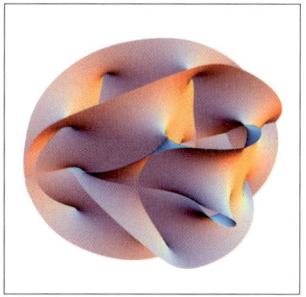

칼라비-야우 다양체 : 수학적으로 예상해 본 6차원의 끈,
칼라비-야우 도형. 이 외에도 수만 가지 이상의 도형이 가능하다.

수학에 의해 예상 가능한 칼라비-야우 도형은 대략 수만 가지에 이르고 있습니다. 계산상 이 여분의 차원은 6차원이며, 이 6차원 역시도 칼루차-클레인 이론에서처럼 모든 공간상에 빽빽하게 차 있습니다. 3차원 이상의 공간을 접해 본 적이 없는 이상 6차원 공간을 머릿속으로 그려 본다는 것도 사실상 불가능하지만, 위의 그림은 6차원의 여분의 공간을 2차원 평면상에 간략하게 표현해 본 것입니다. 이 그림 속에서는 공간을 일정한 간격의 격자로 나누어 각 교점마다 여분의 차원이 존재하는 모습을 표현하고 있지만 사실상 여분의 차원은 모든 길이나 넓이, 높이에 대해서 조금의 여유 공간도 없이 가득 차 있는 모습으로 상상하면 됩니다. 그 때문에 한곳에 가만히 서 있다가 단한 발자국만 걸음을 옮겨도 여러분은 무한대 숫자의 여분의 6차원을 통과하게 됩니다.

여분차원이 숨어 있다거나 작게 뭉쳐져 있다는 생각은 클레인에 의해 먼저 생각되었어요. 제5의 차원의 존재를 제기했던 클레인은 제5의 차원이 아주 작고 둥글게 뭉쳐져 있다고 생각하면 된다고 설명했어요. 그 때문에 우리가 제5의 차원을 인식할 수 없다는 것이죠. 눈에 보이지 않을 만큼 작게 뭉쳐져 있다! 이해하기가 좀 어렵죠?

이를테면 조금 떨어진 곳에 있는 나뭇가지를 보고 있다고 생각해 봅시다. 그러면 그 나뭇가지는 가느다란 선1차원 세계처럼 보일 것입니다. 하지만 가까이 가 보면 나뭇가지는 1차원의 가느다란 선이 아님을 바로 확인할 수 있어요. 굵기가 일정치 않지만 원기둥 모양을 하고 있으며, 나뭇가지의 표면은 넓이를 가진 2차원임을 알 수 있습니다. 만약 나뭇가지 위에 개미가 있다면 개미에게 있어서 나뭇가지의 표면은 앞뒤로 움직일 수 있는 길이 방향과 나뭇가지를 빙그르르 돌 수 있는 단면의 원둘레 방향이 있는 2차원 세계일 것입니다. 단지 멀리서 볼 때는 나뭇가지의 표면이 갖는 차원이 보이지 않는다는 이유로 무시해 버릴 뿐이지요.

따라서 클레인에 따르면 3차원 공간을 구성하는 수많은 점 하나하나에 눈에 보이지 않을 만큼 작은 차원이 숨어 있다면 우리가 그것을 알아차리지 못하고 있다는 것입니다. 이러한 칼루차와 클레인에 의한 여분차원의 아이디어가 바로 6차원의 여분차원이 숨어 있어 우주가 10차원이라는 초끈 이론의 기초가 되었던 것입니다.

브레인 이론

1990년대의 초끈 이론에서 우리 우주는 고차원의 공간에 떠 있는 막 같은 것이라는 '브레인 월드 가설'이 등장했어요. 끈뿐만 아니라 '브레인brane'을 이 우주의 기본 요소로 생각하게 된 것이지요. 브레인은 'membrane막'에서 따온 말로 고차원 공간에 떠 있는 막과 같은 것이라는 뜻이에요. 3차원 공간 안에 2차원의 면이나 1차원의 선이 떠 있는 모습을 상상해 보세요. 이와 마찬가지로 '9차원 공간 안에 떠 있는, 더 작은 차원을 가지는 공간'이 바로 브레인입니다. 그리고 우리가 살아가는 3차원 공간은 9차원 공간에 떠 있는 하나의 브레인막에 지나지 않는다고 생각하는 것이 브레인 월드 가설입니다.

　1995년 초끈 이론에서 '열린 끈의 끝은 어떻게 되어 있어야 할까?'를 이론적으로 생각하는 가운데 브레인이 발견되었어요. 이때 열린 끈의 양 끝이 브레인에 달라붙어 있는 것으로 밝혀졌어요. 열린 끈은 브레인 위에서 이동할 수 있지만 떨어질 수는 없어요. 그러나 닫힌 끈은 브레인과 상관없이 자유롭게 움직일 수 있어요.

　우리의 브레인 바깥에 펼쳐지는 고차원 공간에는 여러 개의 브레인이 떠 있다고 상정하는 연구자도 있습니다. 하나하나의 브레인 각각을 하나의 우주로 간주한다면, 우리의 우주 외에도 많은 우주가 존재하게 됩니다. 단일 우주는 '유니버스'라 하는데 비해, 여러 개의 우주가 존재하는 세계를 '멀티버스다중 우주'라고 부릅니다. 또 우리의 우주와는 별도의 우주를 '평행 우주'라고 부르는 경우가 있습니다. 평행 우주는 브레인 월드 가설을 바탕으로 하는 어디까지나 가상의 개념입니다. 정말 존재하는지 현 시점에서는 누구도 알지 못합니다.

1999년 미국의 물리학자 리사 랜들Lisa Randall, 1962~과 라만 선드럼Raman Sundrum, 1964~은 우리가 살고 있는 우주가 사실은 4차원 이상의 큰 공간에 들어 있는 4차원 브레인일 가능성을 제시했어요. 예를 들면 3차원 공간인 영화관에 2차원의 스크린이 있고 마치 이 스크린상에서 배우들이 움직이듯, 우리는 다차원 공간상에 들어 있는 4차원 브레인에 살고 있다는 것이에요.

이 가설에서는 우리가 사는 4차원 시공을 하나의 브레인으로 간주합니다. 그리고 브레인 밖에는 우리가 왕래할 수 없는 '제5의 차원'이 펼쳐져 있는 것으로 생각해요. 제5의 차원으로는 빛도 전해지지 않아요. 그러나 닫힌 끈으로 되어 있는 중력자만은 브레인을 떠나 제5의 차원으로 이동할 수 있어요. 즉, 중력만이 제5의 차원으로 전해집니다.

그것은 이 가설에서 중력자는 닫힌 끈, 그 밖의 세 가지 입자 광자, 위크 보손, 글루온은 열린 끈으로 나타나기 때문이에요. 그래서 그들 힘이 작용하는 일반적인 물질도 브레인에서 떨어질 수 없어요. 즉, 우주를 구성하는 물질 및 그들에게 작용하는 힘이 브레인에 달라붙어 있는 것입니다.

열린 끈   닫힌 끈

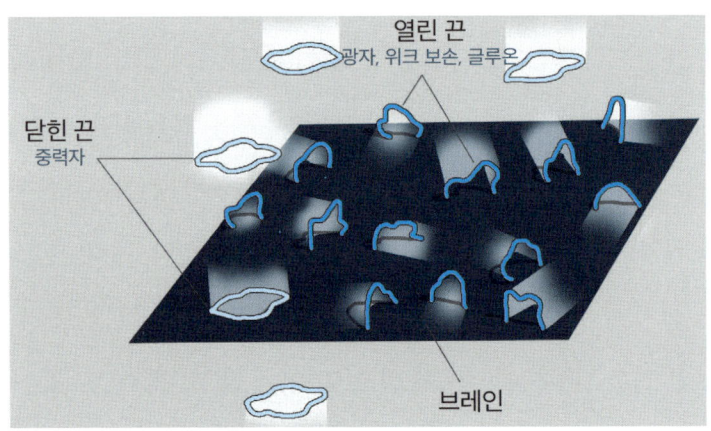

이렇듯 여분차원이나 브레인을 가정하면 전혀 새로운 우주론을 생각할 수 있어요. '브레인 우주론'이라는 이런 연구 분야는 이제 막 시작된 단계에 불과합니다. 앞으로의 연구에 따라서 고차원을 가진 우주의 모습이나 그 역사가 조금씩 규명되어 나갈지도 모릅니다.

특명! 여분의 차원을 찾아라

그렇다면 우리 눈에 보이지 않는 차원이 정말 존재할까요? 우리가 눈으로 보지 않았으니 '있다! 없다!'라고 정확히 말하는 것은 어려운 일이에요. 하지만 상상할 수 있는 것이면 어떤 것이라도 표현이 가능한 영화라는 매개체를 통해 다른 차원이 존재한다는 상상력 아래 이야기를 전개하는 영화가 있어요.

2007년 개봉한 SF 스릴러물 〈미스트 The Mist〉에서는 또 다른 차원의 괴생명체가 우리의 3차원 공간을 침범하여 사람들을 죽이는 이야기가 전개됩니다.

미국의 어느 시골 도시에 갑자기 안개가 끼더니 정체불명의 괴생명체가 나타나서 사람들을 공격합니다. 주인공을 포함하여 대형 마트에 갇힌 사람들은 이 괴물에 대해 어떻게 대응할지 고민

하며 서로 갈등합니다. 그리고 나중에 군인들을 통해서 사실을 알게 됩니다. 해당 지역에서 군대의 비밀 프로젝트가 진행되었고, 물리학 실험을 하다가 다른 차원이 있음을 발견하고 그 다른 공간에 구멍을 뚫어 이으려다가 오히려 그 공간의 괴생명체가 흘러들어 오게 된 것이지요. 즉, 〈미스트〉에서 괴물은 인간이 창조한 것이 아니라 인간이 잘못 불러들인 것으로 설정되어 있어요.

정말로 제5의 차원이 존재할까요? 브레인 이론에 따라 만일 정말로 우리 우주가 4차원 브레인에 갇혀 있어 혹시라도 우리 우주에서 '바깥'으로 물질이나 에너지가 새어 나갈 수 있는 것이 가능하다면 그것을 어떻게 관측할지가 과학자들의 최대 관심사가 되고 있어요.

이것을 입증하기 위해 과학자들은 거대한 입자 가속기를 만들어 실험을 앞두고 있습니다. 이 실험을 통해 현실에서도 다른 차원의 존재가 실증될 가능성이 있어요.

거대 강입자 가속기LHC, Large Hadron Collider는 스위스 제네바 근방에 건설되었어요. 이것은 지하 100m 깊이에 설치된 원형 터널로 둘레가 27km 정도의 세계 최대, 최고 에너지의 입자 가속 및 충돌기입니다. 여러 마을을 두를 만큼 규모가 엄청나죠?

유럽 입자 물리 연구소CERN는 2008년 9월 10일 LHC를 낮은 에너지에서 가동시키기 시작했는데, 최대 7TeV 테라전자볼트, 광속의 99.9999991%까지 가속시킬 수 있었어요. 이 정도 속도면 지름 8km의 원형 터널은 1초에 11245번씩 돌게 됩니다. 양성자 빔을 궤도를 따라 회전시키고 가속하기 위해 9600개의 자석을 설치했는데 이 자석을 이용해 양성자가 올바른 경로를 유지하도록 조정하여 입자를 가속시키는 것으로 빠른 속도가 강한 에너지로 변환이 됩니다. 즉, 입자라는 극소 물질을 최대한 빠른 속도로 가속시켜서 아주 잠깐 동안이지만 어마어마한 에너지를 만들어 내는 실험 기구인 것이지요. LHC는 양성자 빔을 서로 반대 방향으로 쏘아 충돌시키려는 것으로 이 과정에서 2배의 에너지를 얻을 수 있게 됩니다. 즉, 양성자 하나가 광속 가까이 가속하면 7TeV의 고에너지를 갖는데 이때 반대 방향으로 돌던 양성자와 충돌하면 13TeV의 에너지를 만들게 됩니다.

충돌의 결과로 원자보다 작은 소립자들이 쏟아져 나오게 됩니다. 이 실험을 통해 과학자들은 구체적으로 이 쏟아져 나오는 소립자 중에서 중력을 매개하는 중력자를 찾아내고 소립자들의 파트너인 초대칭 짝superpartner, sparticle이 존재한다는 것을 밝혀내고 싶어 합니다. 중력은 다른 힘에 비해 매우 약한데 그 이유는 중력자가 닫힌 끈으로 되어 있어 다른 차원으로 이동이 가능하기 때문이에요. 따라서 이 실험에서 중력자가 차원을 탈출하는 순간을 포착할 수 있다면 이 중력자의 존재와 역할이 증명되는 것입니다. 만약 중력자가 차원을 탈출하게 되면 우리 우주 근처에 평행 우주가 존재한다는 것을 의미하며 이것은 곧 그 차원을 볼 수는 없지만, 중력을 통해 느낄 수도 있음을 의미합니다.

LHC의 자금 모집 및 건설은 34개 국가의 대학과 연구소 및 2000여 명의 과학자가 힘을 합쳐 이루어졌습니다. 95억 달러라는 엄청난 예산과 14년이라는 긴 세월에 걸쳐서 만들어진 LHC는 아쉽게도 며칠 만에 고장으로 실험이 연기되기는 했지만, 역사 이래 최대의 과학 쇼로 세계의 주목을 받았어요. 그런데 일부 과학자들은 우주 탄생의 비밀을 밝힌다는 이 거창한 실험을 앞두고 기대에 부풀어 있기보다는 이 실험을 우려하여 항의와 반발을 하기도 했어요. 왜냐하면 양성자가 충돌하는 순간 엄청난 에너지로 인해 '미니 블랙홀'이 생길 수 있는데, 시간과 공간을 모두 끌어당긴다는 블랙홀이 지구를 통째로 집어삼

킬 수도 있다는 거죠. 하지만 전문가들은 이 블랙홀이 아주 작은 규모인 데다 그 시간이 워낙 짧기 때문에 지구가 빨려 들어갈 걱정을 할 필요는 없다고 이야기하기도 해요.

우리가 현재 살아가는 3차원의 세계만이 존재하는 것은 아니라는 사실이 증명될 날이 머지않은 것 같습니다. 지금부터 약 1000년을 거슬러 올라가 그 시대 인간들의 과학적 지식 또는 생활 모습을 보면 현재와 비교하여 매우 보잘것없다는 것을 우리는 알 수 있습니다. 반대로 지금부터 1000년 후에 인간이 소유하게 될 과학적 지식으로 현재의 우리를 본다면 그와 같이 생각할 수도 있어요. 수백 년 후에는 3차원이 아닌 6차원, 8차원 또는 10차원의 개념 안에서 인간이 자유롭게 생활하게 될지도 모르겠습니다.

수업 정리

❶ 여분차원 extra dimension

4차원 시공간 이외에 부가적으로 존재하는 공간의 차원을 말합니다. 예를 들어, 독일의 수리 물리학자 칼루차와 스웨덴의 물리학자 클레인은 4차원 시공(3차원의 공간+1차원의 시간)에 하나의 차원을 더 추가하여 제5의 차원이 있다고 생각했습니다. 이 제5의 차원이 바로 여분차원입니다.

❷ 초끈 이론

(1) 우주를 구성하는 최소 단위가 부피와 크기가 없는 0차원의 점 입자가 아니라 끊임없이 진동하는 매우 가느다란 끈으로 이루어져 있다고 생각하는 이론을 말합니다. 초끈 이론에서는 이 우주가 시간차원을 포함하여 10차원이라고 보고 있습니다.

(2) 끈에는 '닫힌 끈'과 '열린 끈'이 있으며, 이 끈은 그 길이가 매우 작아 현재의 최첨단 장비로 관측을 하더라도 점 입자처럼 보일 뿐, 그 이상의 세부 구조를 알기는 불가능합니다.

❸ 브레인 이론

우리 우주는 고차원의 공간에 떠 있는 막 같은 것이라는 가설입니다. 이 이론은 끈뿐만 아니라 '브레인brane'을 우주의 기본 요소로 생각합니다. 이 가설에서는 우리가 살아가는 3차원 공간은 9차원 공간에 떠 있는 하나의 브레인막에 지나지 않는다고 생각합니다.

NEW 수학자가 들려주는 수학 이야기 65
아인슈타인이 들려주는 차원 이야기

ⓒ 오혜정, 2010

2판 1쇄 인쇄일 | 2025년 9월 18일
2판 1쇄 발행일 | 2025년 10월 2일

지은이 | 오혜정
펴낸이 | 정은영
펴낸곳 | (주)자음과모음

출판등록 | 2001년 11월 28일 제2001-000259호
주소 | 10881 경기도 파주시 회동길 325-20
전화 | 편집부 (02)324-2347, 경영지원부 (02)325-6047
팩스 | 편집부 (02)324-2348, 경영지원부 (02)2648-1311
e-mail | jamoteen@jamobook.com

ISBN 978-89-544-5310-3 44410
     978-89-544-5196-3 (세트)

• 잘못된 책은 교환해 드립니다.